Éthique et politique

Pierre Charette

Éthique et politique
Pierre Charette

© 2018 Les Éditions JFD inc.

Catalogage avant publication de Bibliothèque et Archives nationales du Québec et Bibliothèque et Archives Canada

Pierre Charette

Éthique et politique

ISBN 978-2-924651-48-3

1. Morale politique.   2. Morale.

BJ55.C42 2018   170   C2017-942538-2

Éditions JFD inc.
CP 15 Succ. Rosemont
Montréal (Qc) H1X 3B6
Téléphone : 514-999-4483
Courriel : info@editionsjfd.com
www.editionsjfd.com

Tous droits réservés.
Toute reproduction, en tout ou en partie, sous quelque forme et par quelque procédé que ce soit, est interdite sans l'autorisation écrite préalable de l'éditeur.

ISBN 978-2-924651-48-3

Dépôt légal : 1er trimestre 2018
Bibliothèque et Archives nationales du Québec
Bibliothèque et Archives Canada

Imprimé au Québec, Canada

Table des matières

Chapitre 1
Qu'est-ce que la moralité? 5
1. Méta-éthique, théorie morale et éthique appliquée 6
2. Les jugements moraux évaluatifs et les valeurs 9
3. Les jugements moraux prescriptifs et les normes 14
Bibliographie 15

Chapitre 2
L'éthique dans les temps pré-modernes 17
1. La vertu 18
2. L'insociable sociabilité de
   l'être humain et la théorie du droit naturel 23
Bibliographie 28

Chapitre 3
Théorie du contrat social et libéralisme 29
1. Thomas Hobbes 32
2. John Locke 40
3. Le libéralisme « classique » 43
Bibliographie 46

Chapitre 4
David Hume 47
1. Théorie psychologique : raison, passions et action 49
2. Théorie éthique 51
3. Conclusion 60
Bibliographie 61

Chapitre 5
Emmanuel Kant 63
1. Dimension prescriptive : la conformité à la loi morale 67
2. Dimension évaluative : la volonté et les motifs de l'agent 74
Bibliographie 77

Chapitre 6
L'utilitarisme **79**
1. Les éléments de la théorie utilitariste 80
2. Le « calcul » utilitariste 82
3. Problèmes associés aux principes utilitaristes 89
Bibliographie 91

1 | Qu'est-ce que la moralité?

Notre vie morale consiste, à la base, en une préoccupation pour la distinction entre le bien et le mal. Elle est faite de sentiments et de jugements, de même que des standards auxquels ils se rapportent et des actions qu'ils motivent. (Par « standards », on entend des règles, des principes, des critères auxquels on se rapporte pour distinguer ce qui est adéquat de ce qui ne l'est pas.)

L'éthique, ou philosophie morale, se propose d'analyser cette distinction entre « bien » et « mal », et de mieux comprendre les différentes composantes de la vie morale.

Quant à la philosophie politique, on pourrait la décrire comme un prolongement de la philosophie morale qui concerne spécifiquement la dimension éthique du « vivre-ensemble ». Plus précisément, la philosophie politique entend cerner la nature du bien commun, de la justice et des institutions jugées nécessaires à leur réalisation. Comme la réflexion sur ces sujets en présuppose une autre sur la distinction entre le bien et le mal, ainsi que sur les différentes composantes de la vie morale, la plupart des philosophes considèrent que la philosophie morale possède un caractère plus fondamental que la philosophie politique.

1. Méta-éthique, théorie morale et éthique appliquée

L'éthique s'articule sur trois niveaux d'abstraction : la méta-éthique, la théorie morale proprement dite et l'éthique appliquée.

La *méta-éthique* se situe au niveau d'abstraction le plus élevé (autrement dit, le plus fondamental.) Aussi est-elle ancrée dans ces parties fondamentales de la philosophie que sont la métaphysique (théorie générale de la réalité) et l'épistémologie (théorie générale de la connaissance). Ainsi, la méta-éthique tente de répondre à des questions telles que : quel est le statut ontologique des valeurs morales (quelle est leur « vraie nature »?) Quel statut épistémique peut-on reconnaître aux jugements moraux (peuvent-ils être vrais ou faux, justifiés ou injustifiés, peuvent-ils constituer de la connaissance?) Quels sont les différents types de jugements moraux?

Considérons d'entrée de jeu trois réponses distinctes à ces questions fondamentales, correspondant à trois doctrines méta-éthiques.

Selon la doctrine du *subjectivisme moral*, les « valeurs morales » ne sont en réalité que des phénomènes psychologiques, de l'ordre de la *préférence subjective*. Il n'existe pas de « faits moraux » objectifs : il n'y a que des préférences subjectives, susceptibles de varier selon les personnes.

Ce que nous appelons « jugements moraux » ne sont en fait que des opinions exprimant ces préférences subjectives. En conséquence, aucun « jugement moral » ne saurait être vrai ou faux. En matière de moralité, il n'y a que des opinions, lesquelles se valent toutes. La seule façon d'admettre que les jugements de valeur puissent avoir une valeur de vérité serait de prendre au pied de la lettre l'idée que « chacun a sa vérité », et donc que ce qui est « vrai » pour une personne ne l'est pas nécessairement pour une autre. Ce qui serait une conception éminemment contestable de la « vérité ».

Selon la doctrine du *relativisme culturel*, les « valeurs morales » ne sont en réalité que des phénomènes sociaux, lesquels mettent en cause des règles sociales. Plus concrètement, il s'agit pour l'essentiel de conventions, de coutumes.

Si on peut affirmer l'existence des valeurs morales, ou de faits moraux, ce n'est qu'en tant que conventions ou coutumes, se manifestant à l'échelle d'une société donnée, à une époque donnée. S'il existe des faits moraux, ils ne sont pas universels : ils n'existent que *relativement* à une certaine société, une certaine culture, à une époque donnée.

Un jugement moral donné peut être dit « vrai » ou « faux » à l'échelle d'une culture donnée à une époque donnée, mais pas au-delà. Un jugement vrai dans une société, à une certaine époque, peut être faux dans une autre société ou époque, et vice-versa. Aucun jugement moral ne peut être vrai ou faux *universellement*. En matière de moralité, il n'existe aucun point de vue objectif et universel à partir duquel on puisse se livrer à un arbitrage entre les cultures (et les époques), et ainsi identifier les cultures (et les époques) qui seraient moralement meilleures que d'autres.

Comme cette doctrine ne reconnaît l'existence de faits moraux qu'en tant que phénomènes sociaux, et que ces phénomènes sont pour l'essentiel de l'ordre de la convention, le relativisme culturel est également appelé *conventionnalisme*.

Selon la doctrine *objectiviste et universaliste*, les valeurs morales sont des entités abstraites, qui ont une existence objective et universelle, indépendamment des phénomènes psychologiques et sociaux. Il existe donc des faits moraux objectifs et universels.

La plupart des partisans de cette doctrine considèrent qu'il est possible de décrire et de connaître les faits moraux. Les jugements moraux qui correspondent à ces faits sont universellement et objectivement *vrais*, alors que ceux qui échouent à y correspondre sont universellement et objectivement *faux*. Selon ces philosophes, il est possible d'acquérir des connaissances objectives et universelles en matière de morale.

Cependant, les partisans de l'objectivisme et de l'universalisme ne s'entendent pas sur plusieurs choses :

- Quels sont ces faits moraux, et comment peut-on les connaître?
- Quel impact concret la connaissance morale peut-elle avoir sur nos conduites? Entraîne-t-elle automatiquement une contrainte sur l'action humaine? Ou peut-on, dans la pratique, faire fi de cette connaissance théorique?

Ces questions, et les réponses qu'on peut y apporter, constituent la *théorie morale*, dans ses multiples versions. En termes de niveau d'abstraction, la théorie morale se situe tout juste sous la méta-éthique.

À partir du 20e siècle, plusieurs philosophes influents dans le domaine de l'éthique ont fait valoir l'importance d'une distinction entre deux classes, ou « types », de jugements moraux : les jugements moraux *évaluatifs* (ou « évaluations morales ») et les jugements moraux *prescriptifs* (ou « prescriptions morales »)[1].

Ainsi que nous allons le voir dans les deux sections suivantes, ces deux types de jugements moraux se rapportent à des standards quelque peu différents : alors que les évaluations morales se rapportent à une échelle de *valeurs*, les prescriptions morales se rapportent à des *normes*.

La distinction entre ces deux types de jugements engendre une autre question qui fait partie de la théorie morale : les jugements moraux évaluatifs sont-ils plus fondamentaux que les jugements moraux prescriptifs? Ou est-ce l'inverse? Ou les deux sont-ils d'importance égale?

---

[1] Voir, par exemple, (Wiggins, 1999 [1976])

L'*éthique appliquée*, elle, se concentre sur les problèmes moraux concrets que l'on rencontre dans différents domaines de l'existence et de la société : le domaine biologique et médical, la recherche scientifique et l'utilisation des technologies, notre rapport à l'environnement, les affaires, les arts et la littérature... Dans chacun de ces domaines se posent des problèmes moraux concrets, propres au domaine en question.

La différence entre les trois niveaux d'abstraction n'est pas catégorique : elle est plutôt affaire de degrés.

Ainsi en est-il de la distinction entre les jugements moraux évaluatifs et les jugements moraux prescriptifs : on peut la situer au niveau méta-éthique ou au niveau de la théorie morale.

La distinction entre ces deux types de jugements moraux, et entre les standards auxquels ils se rapportent (« valeurs » et « normes »), est elle-même affaire de degrés. Il y a en effet un certain recoupement entre ces deux classes de jugements et de standards. Nous devons tout de même considérer ce qui les distingue, ce qui sera l'objet des deux prochaines sections.

2. Les jugements moraux évaluatifs et les valeurs

Les jugements moraux évaluatifs (ou *évaluations morales*) reconnaissent, ou attribuent, à certains genres de choses des *propriétés morales*.

Quels genres de choses évaluons-nous moralement? On peut en distinguer trois, mais il faut insister sur le fait que ces choses sont étroitement liées entre elles.

- Les *personnes*, et plus précisément leurs traits de *caractère*;
- Les *actions*, au sens large. On parle ici des conduites et des attitudes des personnes. Les motifs qui sous-tendent ces conduites et attitudes peuvent être inclus dans l'évaluation. Toute action étant dirigée vers un *but*, l'évaluation de l'action implique une évaluation des buts en question;
- Les *conséquences*, ou résultats, de l'action, peuvent faire l'objet d'une évaluation distincte de l'action elle-même, et des buts qu'elle poursuit.

De façon générale, reconnaître une propriété morale à l'une de ces choses, c'est la placer sur une échelle de valeurs (ou échelle *axiologique*), polarisée entre les deux valeurs morales fondamentales : « le bien » et « le mal ». L'échelle de valeurs constitue le standard du jugement moral évaluatif. Autrement dit, c'est *en se rapportant* à une échelle de valeurs que l'on évalue les choses moralement. De ces choses, on dira qu'elles sont « bien », « vertueuses », « justes », « estimables », « admirables », « héroïques »… ou qu'elles sont « mal », « vicieuses », « injustes », « condamnables », « méprisables », etc.

Aux propriétés morales sont associées des connotations d'importance ou d'intensité. Juger « convenable » l'attitude ou la conduite de quelqu'un ne la place pas au même niveau de *bien* qui si on la juge « admirable », ou « héroïque ». Juger « discutable » l'attitude ou la conduite de quelqu'un ne la place pas au même niveau de *mal* qui si on la juge « méprisable » ou « criminelle ».

Nous allons voir dans les chapitres suivants que différentes théories morales accordent différents degrés d'importance au caractère, à l'action et à ses conséquences. Dans la présente section, nous allons nous borner à apporter quelques précisions concernant l'évaluation du caractère, ainsi que celle de l'action et des buts qu'elle poursuit.

2.1 Le caractère

Nous évaluons moralement *le caractère des personnes* quand nous identifions leurs *vertus* et leurs *vices*, autrement dit leurs qualités et leurs défauts moraux. *Par définition*, c'est une valeur morale positive (allant dans le sens du *bien*) que nous reconnaissons aux vertus, et une valeur morale négative (allant dans le sens du *mal*) que nous reconnaissons aux vices.

Les vertus sont ce qu'on appelle couramment les *qualités morales* d'une personne : des propriétés (des traits de caractère) qui contribuent à rendre les personnes qui les possèdent « bonnes » plutôt que « mauvaises », dignes d'estime ou d'admiration plutôt que de blâme ou de mépris. Par exemple : honnêteté, justice, responsabilité, fiabilité, sincérité, loyauté, ardeur au travail, courage, bonté… Ces concepts ont tous une connotation d'approbation.

Ces qualités peuvent bien sûr s'avérer utiles pour la personne qui les possède, de même que pour son entourage, et en fin de compte pour toute la société. On pourrait donc attribuer une valeur utilitaire, peut-être même économique, à ces qualités, du moins dans certains cas. Cependant, la valeur que nous leur reconnaissons est d'abord et avant tout *morale*.

Inversement, les vices sont ce qu'on appelle couramment les *défauts* d'une personne : des propriétés qui contribuent à rendre les personnes qui les possèdent « mauvaises » plutôt que « bonnes », dignes de blâme ou de mépris plutôt que d'estime ou d'admiration. Par exemple : malhonnêteté, injustice, irresponsabilité, hypocrisie, perfidie, paresse, lâcheté, cruauté, etc. Ces concepts ont tous une connotation de désapprobation. Encore ici, la valeur négative que nous reconnaissons à ces défauts est d'abord et avant tout *morale*.

L'évaluation morale que nous faisons du caractère des personnes est étroitement liée à l'évaluation morale *de leurs attitudes et de leurs conduites*, autrement dit l'évaluation morale de *l'action humaine*, au sens large.

2.2 L'action et ses buts

Afin de bien comprendre ce que représente l'évaluation morale d'une action et des buts vers lesquels elle est dirigée, nous allons d'abord distinguer les *buts instrumentaux* des *finalités* (ou *fins en soi*) de l'action. Ensuite, nous considérerons plus en détail en quoi peuvent consister les finalités.

« But instrumental » et « fin en soi »

Nos actions visent toujours des buts, lesquels constituent une hiérarchie de projets, certains immédiats, d'autres lointains.

Plusieurs des buts que nous poursuivons dans la vie quotidienne ne sont pas valorisés en eux-mêmes, mais uniquement en raison de ce qu'il est nécessaire de les atteindre afin de poursuivre d'autres buts plus distants. Seuls les buts qui sont des fins en soi sont valorisés pour eux-mêmes.

Les buts immédiats de notre action sont souvent des buts instrumentaux, auxquels nous ne reconnaissons qu'une valeur instrumentale. C'est-à-dire qu'en eux-mêmes, ces buts n'ont pas de valeur. Nous ne leur en reconnaissons une que dans la mesure où ils permettent d'atteindre d'autres buts plus distants qui, eux, possèdent une valeur plus élevée. Souvent, le but d'une valeur « plus élevée » n'est rien d'autre qu'un but instrumental plus distant et plus élevé que le précédent, mais qui en lui-même, n'a pas de valeur non plus. La valeur que nous lui reconnaissons tient à ce qu'il constitue une étape, un moyen (de niveau supérieur) permettant d'atteindre un but plus distant et plus élevé… et ainsi de suite. Ainsi les buts de nos actions s'emboîtent-ils dans une hiérarchie qui, selon certains philosophes, culmine en une *finalité ultime* : ce vers quoi tendraient tous les autres buts de nos actions, qui ne seraient en fin de compte que des buts instrumentaux (dont la valeur serait instrumentale.)

La finalité ultime, s'il en est une, possède une valeur suprême et intrinsèque : c'est ce que les philosophes appellent le *souverain bien*. La valeur du souverain bien ne dépend pas d'une autre chose, plus distante et plus élevée : elle est intrinsèque. Puisque c'est vers le souverain bien, la finalité ultime, que tendent tous nos buts instrumentaux, c'est le souverain bien qui confère à ceux-ci l'essentiel de leur valeur et de leur signification. Socrate, Platon et Aristote ont été les premiers à défendre rationnellement certaines conceptions du « souverain bien ».

Les finalités : des aspects de l'existence et de la vie sociale

Tout le monde ne place pas les mêmes choses à l'horizon de ses actions et de son existence, mais nous sommes en mesure d'observer que certaines finalités sont largement partagées, et qu'elles font l'objet d'évaluations morales largement positives. Ces finalités correspondent à certains aspects de l'existence humaine ou de la vie en société, auxquelles elles donnent leur sens et leur valeur.

Certains aspects de l'existence concernent d'abord et avant tout notre situation personnelle : ce que nous ressentons, ce que nous réalisons, nos ressources et nos capacités individuelles. Ces aspects de notre existence constituent *nos intérêts personnels*. On dit d'une personne qu'elle agit « par intérêt » quand elle agit en fonction de ces aspects de son existence. Cependant, nos intérêts personnels sont liés à certaines autres personnes et à des groupes, auxquels nous pouvons accorder une valeur plus haute que celle de nos intérêts personnels. Aussi la distinction est-elle vague entre ce qui relève de « nos intérêts » et ce qui touche aux autres. Quoiqu'il en soit, la plupart des gens accordent une importance considérable, et une valeur morale positive, au bonheur, au plaisir, à l'autonomie, à la liberté, à la santé, au pouvoir, à l'argent, au succès social, au dépassement de soi… ainsi qu'à l'amour, l'amitié, la famille, la solidarité avec certaines parties de l'humanité, ou peut-être même avec l'humanité entière.

D'autres aspects de l'existence peuvent être fortement valorisés tels que la créativité, la beauté, la connaissance, le respect de la nature, la vie elle-même…

Il en va de même de certains *aspects de la société et de la vie sociale* qui font que celles-ci sont « bonnes » plutôt que « mauvaises », dans un sens *moral*. On pense ici aux lois d'une société et aux règles de ses institutions, aux rapports que celles-ci induisent entre ses membres, avec les autres sociétés, avec la nature… En particulier, nous reconnaissons une valeur morale positive à la *justice* des lois et des institutions.

Nous reconnaissons une valeur morale *négative* aux *antagonistes* des choses auxquelles nous reconnaissons une valeur morale positive, et qui les menacent : le malheur, la misère, l'impuissance, la maladie, la dépendance, l'asservissement, l'injustice, etc. Ces aspects de l'existence sont des choses à éviter et à combattre, des négatifs des idéaux de vie.

Comme le fait remarquer le philosophe Mark Murphy, « la formulation d'un catalogue de biens fondamentaux ne va pas de soi. » (Murphy (2011)). Le « catalogue » des choses considérées comme fondamentalement bonnes et valorisées pour elles-mêmes varie d'une personne à l'autre non seulement au sein de la population en général, mais également au sein de la discipline philosophique. Le contenu des listes varie d'un philosophe à l'autre, et fait l'objet de débats.

Il en va de même avec l'*importance* relative des choses qui se retrouvent dans ces listes. Forcément, ces choses sont valorisées de façon « différentielle » : nous leur assignons différents échelons dans l'échelle de nos priorités et de nos préoccupations, laquelle se manifeste dans nos choix et nos actions. Dans l'action, certaines choses passent forcément avant d'autres. Or, l'importance, la valeur que nous accordons, de façon graduée, à ces aspects de l'existence (de sorte que nous les ordonnons le long d'une échelle), est de nature *morale*. Ceux parmi ces aspects de l'existence qui sont les plus hautement évalués moralement, constituent des *idéaux moraux*.

Chacune des choses dans les listes énoncées plus haut est une candidate possible au statut de « souverain bien », mais toutes ne peuvent accéder à ce statut. Il est impossible d'accorder une valeur égale à toutes les choses auxquelles nous reconnaissons une valeur généralement « positive », tout comme il est impossible d'accorder, à toutes les choses que nous jugeons «mal», une valeur négative égale.

3. Les jugements moraux prescriptifs et les normes

Les jugements moraux prescriptifs (ou *prescriptions morales*) nous ordonnent d'accomplir certaines actions et de nous abstenir d'autres actions, et ce pour des raisons morales.

Ces jugements sont appelés *prescriptifs*, parce qu'ils prennent la forme d'impératifs, d'ordres, d'injonctions. Certains impératifs sont positifs : « fais X », « tu dois faire X », « il faut que tu fasses X », etc. D'autres négatifs : « ne fais pas X », « tu ne dois pas faire X », « il ne faut jamais faire X », etc. (on peut alors parler de « proscriptions ».)

Nous exprimons souvent des prescriptions dont le caractère est pratique plutôt que moral. Ces prescriptions enjoignent quelqu'un à faire quelque chose, afin qu'un certain résultat pratique soit obtenu : « Attrape la balle! », « Ferme la fenêtre, il fait froid! », « Ne retirez pas votre pansement avant demain », etc.

Les prescriptions morales, comme toutes les prescriptions, sont spécifiquement liées à l'*action* (aux conduites, attitudes, comportements). Ce qui distingue les prescriptions morales, c'est qu'elles nous renvoient à des *normes morales*, qui doivent être respectées *pour des raisons morales*. Les « normes morales » sont des prescriptions qui ont un caractère fondamental, et qui établissent une triple distinction dans le *statut moral* des actions.

Il y a d'abord deux statuts opposés : celui selon lequel certaines actions sont *obligatoires*; et celui selon lequel certaines actions sont *interdites*.

La distinction entre ce qui est moralement obligatoire et moralement interdit est liée à la notion de *devoir moral*. On pourrait dire également que chacun de ces deux statuts définit quelque chose de *moralement inacceptable*, en même temps que chacun est l'inverse de l'autre : il est *inacceptable* de faire ce qui est moralement interdit et de ne *pas* faire ce qui est moralement obligatoire. Sauf exception, on considère qu'enfreindre une prescription morale (ne pas accomplir un devoir ou commettre un acte interdit) *mérite d'être blâmé*. Pour peu que l'infraction soit sérieuse, le contrevenant *mérite d'être puni*. C'est là une question de *justice* : il serait *injuste* que l'on puisse commettre des actions interdites en toute *impunité*. Précisément, c'est là une question relevant de ce qu'on appelle la *justice punitive*.

Bref, les normes sont des standards qui entendent imposer des *contraintes* d'obligation et d'interdiction sur les conduites et attitudes de chacun d'entre nous (donc sur les *miennes* et sur celles des *autres*). À noter qu'il n'est pas toujours nécessaire que les prescriptions morales soient exprimées verbalement ou par écrit pour être en vigueur.

Le troisième statut défini par les normes morales est celui de *ce qu'il est permis, ou moralement acceptable, de faire*. Ou, en d'autres termes, ce qui est *moralement neutre*. En d'autres termes encore, c'est *ce qu'on a le droit de faire*. Appartiennent à cette catégorie toutes les actions qui ne sont ni obligatoires ni interdites.

Les évaluations morales (ainsi que nous l'avons vu dans la section précédente) se rapportent à un genre de standard différent, à savoir une échelle de valeurs. Celle-ci ne contraint pas nos attitudes et nos conduites aussi directement que les normes. Plutôt, les jugements évaluatifs influencent notre action par l'attrait et le repoussement qu'exercent les idéaux moraux et leurs « négatifs ».

Malgré ce qui distingue les évaluations morales des prescriptions morales, ces deux types de jugements ne sont pas des catégories indépendantes. Au contraire, ils se recoupent. Bien que certains jugements moraux prennent des formes clairement évaluatives, et que d'autres prennent des formes clairement prescriptives, plusieurs jugements moraux sont « entre les deux », et pourraient être considérés comme évaluatifs ou comme prescriptifs.

Notons pour finir que nos vies morales ne sont pas faites que de jugements, elles sont aussi faites de sentiments. En effet, les jugements moraux des deux types s'accompagnent souvent de *sentiments moraux*, c'est-à-dire d'émotions spécifiquement morales.

Bibliographie

Murphy, Mark. "The Natural Law Tradition in Ethics", *The Stanford Encyclopedia of Philosophy* (Édition Hiver 2011), Edward N. Zalta (dir.)

https://plato.stanford.edu/archives/win2011/entries/natural-law-ethics

Ogien, Ruwen. *Le réalisme moral*. Presses Universitaires de France, 1999.

Wiggins, David. « La vérité, l'invention et le sens de la vie » [1976]. Dans Ogien, Ruwen (1999).

2 | L'éthique dans les temps pré-modernes

Plusieurs religions incluent un code moral. Aussi, dans de nombreuses cultures, aujourd'hui et à travers l'Histoire, la vie morale est étroitement associée à une religion.

Ce n'était pas le cas chez les Grecs de l'Antiquité. Leur religion n'était certes pas coupée de la vie morale, mais elle n'était pas constituée en doctrine, incluant un code moral explicite.

La vie morale des Grecs était plus étroitement liée à deux idées, qui n'appartenaient pas en propre à leur religion. D'abord le concept d'*aretè*, qu'on traduit habituellement par « excellence » ou « vertu ». Ensuite, l'idée que l'être humain est à la fois social et asocial.

Platon et Aristote, ainsi que d'autres philosophes, notamment ceux de l'école stoïcienne, examineront de façon philosophique (c'est-à-dire rationnelle et critique) la notion de vertu, qui demeurera centrale dans la philosophie morale de l'Antiquité (section 1). Par ailleurs, la notion de « passion » a, dès cette époque, fait l'objet de réflexions philosophiques pertinentes au développement de la philosophie morale. (section 1.3)

L'« insociable sociabilité » de l'être humain sera également scrutée, ce qui donnera lieu à la théorie du droit naturel. (Section 2)

1. La vertu

Le concept d'*aretè* s'applique à tout ce qui semble avoir une fonction « essentielle », qu'il s'agisse d'espèces naturelles ou d'artefacts. Quand il s'applique aux humains, le concept d'*aretè* est habituellement traduit par « vertu ».

« La vertu » se détaille en plusieurs vertus spécifiques, conçues comme des traits de caractère, censés constituer l'excellence humaine. Les traits de caractère en question sont eux-mêmes conçus comme des inclinations naturelles, des dispositions plus instinctives que rationnelles. Parmi les vertus auxquelles les Grecs accordaient la plus grande valeur, on compte quatre vertus cardinales : sagesse, justice, maîtrise de soi (ou « tempérance »), courage.

Selon la tradition grecque, la vertu peut s'acquérir, du moins en partie, par l'exemple : pour chacun, l'exemple du père; pour tous, l'exemple des grands hommes de l'histoire grecque.

Les œuvres de Homère fournissent également des exemples, en particulier l'*Illiade*. Aussi l'étude des œuvres de Homère était-elle très importante dans l'éducation des jeunes : non seulement ces œuvres présentent-elles une image glorieuse des premiers Grecs, mais encore elles fournissent des modèles moraux.

Quant aux vices, ils sont, hélas, aussi répandus que les vertus, non seulement chez les humains, mais également chez les divinités, lesquelles paraissent rongées de vices, déployés à une échelle surnaturelle. Voilà pourquoi la moralité traditionnelle des Grecs n'est liée à la religion qu'indirectement, c'est-à-dire que la distinction entre vertu et vice se fait en se rapportant à des standards culturels généraux, plutôt que spécifiquement religieux. La religion (la mythologie) fait partie de la culture grecque, mais ne contient aucun code moral et n'est pas une source directe d'inspiration morale.

1.1 Quelques thèses « socratiques »

Socrate est le premier philosophe connu à s'intéresser spécifiquement aux questions d'ordre moral. Sa philosophie, telle que présentée par Platon dans ses dialogues de jeunesse, consiste en une réflexion rationnelle sur la nature de la vertu (et donc de la distinction entre le bien et le mal), sur la valeur des choses, le sens de l'existence humaine, la façon dont il faut vivre. Il cherche à fonder une morale qui se rapporterait à l'autorité de la raison, plutôt qu'à celle d'une tradition culturelle.

Les thèses suivantes se retrouvent à la base de la philosophie de Socrate, telle qu'elle est exposée dans les dialogues de jeunesse de Platon.

Premièrement, il existe des faits moraux objectifs et universels, qu'il nous est possible de connaître par la raison, et donc par la pratique de la discipline philosophique. La connaissance de ces faits est tout aussi objective et universelle que les faits moraux eux-mêmes.

Deuxièmement, l'essence même de la vertu est *la connaissance morale et la recherche rationnelle de cette connaissance*. La justice, la maîtrise de soi et le courage ne sont pas des traits de caractère, au sens d'inclinations ou de dispositions instinctives, mais bien des facettes de la connaissance morale et de la recherche rationnelle de cette connaissance.

Troisièmement, la vertu, ainsi définie, est le *souverain bien*, c'est-à-dire que sa valeur est suprême et intrinsèque : rien n'a une valeur supérieure à la vertu, et sa valeur ne dépend de rien d'autre. Au contraire, c'est la vertu qui donne sa valeur aux autres choses.

Quatrièmement, la raison et la connaissance déterminent la volition et l'action.

Enfin, les vertus « spécifiques » (justice, courage, maîtrise de soi...) forment un tout indivisible : *la* vertu. Les vertus spécifiques sont à « la » vertu ce que les traits du visage sont au visage. On ne peut donc, selon Socrate, acquérir une vertu sans acquérir les autres. Il est par exemple impossible qu'une personne véritablement courageuse soit injuste. Si elle a appris à être courageuse, elle a dû apprendre en même temps à être juste.

1.2 La théorie platonicienne de l'esprit

Au fil de ses œuvres de maturité, Platon va élaborer un système philosophique composé, en gros, de trois théories principales : une théorie de la réalité, une théorie de la connaissance, et une théorie de l'esprit. La conception platonicienne de la vertu – qu'il appelle également le *Bien* – se trouve fondée au sein de ce système.

Des cinq thèses socratiques énoncées ci-haut, Platon va retenir les trois premières, et tenter de les fonder en raison. En revanche, il va rejeter les deux dernières. Ainsi, il remplace par une théorie de l'esprit la thèse socratique selon laquelle la cognition (raison et connaissance) détermine la volition et l'action. À la suite des philosophes pythagoriciens, Platon considère que l'esprit humain est divisé en deux grandes composantes : la composante rationnelle (autrement dit la raison), qui est incorporelle et immortelle; et la composante irrationnelle (autrement dit les passions), corporelle et mortelle. La partie irrationnelle est elle-même divisée en deux parties : la partie désirante et la partie ardente. Cette théorie psychologique est liée à une théorie morale et politique.

Dans la *République* (Livre IV), Socrate fait remarquer à Glaucon qu'il peut nous arriver de *désirer* certaines choses, tout en *jugeant rationnellement* qu'il vaut mieux ne pas céder à ce désir. Par exemple, un homme peut désirer boire, tout en jugeant qu'il vaut mieux ne pas le faire. Ainsi se manifeste l'indépendance mutuelle des deux composantes de l'esprit, la rationnelle et l'irrationnelle: chacune est susceptible d'orienter l'action dans une direction différente.

C'est à la partie rationnelle de l'esprit qu'il appartient de guider l'action, puisque c'est elle qui a le pouvoir de distinguer le vrai du faux, d'atteindre la réalité à travers les apparences. Elle est donc faite pour bien décider de nos actions, pour guider notre conduite vers la vertu, le *Bien*.

Pour ce qui est de la composante irrationnelle, sa partie *désirante* est le lieu de passions qui sont *sourdes à la raison*, à savoir les appétits, les désirs, les instincts, que nous partageons avec les animaux. Malheureusement, son pouvoir sur l'action peut être plus grand que celui de la partie rationnelle. En cela, Platon est en désaccord avec Socrate.

Heureusement, la composante irrationnelle de l'esprit comporte une autre partie : la partie *ardente*, qui est le lieu de passions qui sont *sensibles à la raison*, telles que la colère et la fierté, par exemple. Chez la personne bien éduquée, *l'ardeur se rallie à la raison* et contribue à produire une conduite conforme au Bien. Cependant, l'éducation joue un rôle important dans ce phénomène. Chez la personne à qui l'éducation fait défaut, l'ardeur a tendance à se rallier aux désirs, et à en redoubler la force.

Par exemple, chez celui qui juge rationnellement qu'il ne faut pas céder à un certain désir, l'idée qu'il pourrait céder à ce désir suscitera une colère contenue, qui repousse le désir, et entraîne l'action dans le sens du jugement rationnel. La personne qui cède malgré tout, elle, éprouvera après coup cette colère, dirigée contre elle-même, comme une punition, susceptible de prévenir la récidive.

Autre exemple, celui qui juge rationnellement qu'il a été injustement traité par autrui éprouvera une sorte de colère (le ressentiment), qui appuie son jugement et oriente en conséquence sa conduite et son attitude. Alors que s'il juge (rationnellement) qu'autrui lui a infligé une punition méritée, il n'éprouvera pas de ressentiment (selon Platon).

Ces exemples ne concernent que la personne qui a reçu une bonne éducation : dans ce cas, le tempérament se range du côté de la raison, et la soutient, comme un auxiliaire.

Sur cette base psychologique et morale, Platon élabore une théorie politique, selon laquelle il existe trois classes de personnes, lesquelles se distinguent par la partie de l'esprit qui les guide.

Ceux et celles dont le caractère est tel que leur conduite est généralement guidée par la partie raisonnante constituent la classe supérieure, celle des dirigeants. Une cité juste sera dirigée par cette classe.

Ceux et celles dont le caractère est tel que leur conduite est généralement guidée par la partie ardente constituent une classe intermédiaire. Dans une cité juste, ils seront les guerriers.

Ceux et celles dont le caractère est tel que leur conduite est généralement guidée par la partie désirante constituent la classe inférieure. Dans une cité juste, ils seront des artisans et des marchands.

1.3 Les passions

La notion de « passion » occupe une place centrale dans la psychologie de l'Antiquité, du Moyen Âge... et jusqu'au 19ᵉ siècle. Au sens ancien, *les passions* constituent un vaste ensemble d'états mentaux, qu'on retrouve chez les animaux et chez les humains. Dans le cas des humains, on peut dire que les passions désignent les états mentaux qui surviennent *indépendamment de la volonté*. Plusieurs philosophes ajouteraient que les passions *n'ont pas de caractère représentationnel*.

Bien que son sens puisse varier considérablement d'un philosophe à l'autre, le concept de « passions » inclut habituellement les quatre sous-ensembles suivants.

- *Les plaisirs et les douleurs*, et toutes les sensations qui y sont associées (le pluriel indique, comme l'ont fait remarquer de nombreux philosophes, qu'il existe une grande variété de types de plaisirs et de douleurs);
- Les *appétits* ou *désirs* (faim, soif, instinct sexuel...), ainsi que leur contraire, à savoir les *aversions*. Ce sous-ensemble est intimement lié au précédent, puisque les désirs orientent le sujet (animal ou humain) vers les objets dont il croit qu'ils causeront du plaisir, alors que les aversions lui font fuir les objets dont il croit qu'ils causeront de la douleur. Les *instincts* sont des dispositions innées à éprouver certains types de désirs ou d'aversions.;
- Les *préférences*, lesquelles résultent du poids (de la force) relatif des désirs et des aversions, et donc de l'anticipation des plaisirs et des douleurs;
- Les *émotions* en général.

Les passions peuvent être ressenties avec des degrés d'intensité très variables. Dans les Temps Modernes, certains philosophes feront une distinction entre les *passions violentes* (intensément ressenties), et les *passions calmes* (qui peuvent ne pas être ressenties du tout). Qu'elles soient ressenties intensément ou pas du tout, les passions ont un *pouvoir motivant*, c'est-à-dire le pouvoir de déterminer les buts d'un individu, et de le mettre en mouvement.

2. L'insociable sociabilité de l'être humain et la théorie du droit naturel

C'est une très ancienne observation, antérieure sans doute à l'avènement de la philosophie, que l'on peut distinguer chez les humains deux penchants opposés, l'un social et l'autre asocial.

D'un côté, il est clair que l'être humain est pourvu d'instincts sociaux, et que chacun a besoin des autres pour subvenir à ses besoins vitaux (se nourrir, se loger, se vêtir...). De plus, l'instinct reproducteur de l'être humain le porte à s'accoupler et éventuellement à fonder des familles, qui constituent déjà un noyau social.

Enfin, l'être humain n'a-t-il pas besoin des autres pour apprendre, pour s'épanouir et être heureux, pour combler ses aspirations les plus profondes? Ne recherche-t-il pas la compagnie de ses semblables? N'est-il pas porté à se soucier d'eux, au moins dans une certaine mesure? Et n'a-t-il pas un sens naturel de la justice et de l'injustice, qui lui fait approuver ce qui lui paraît juste, et désapprouver ce qui lui paraît injuste?

D'un autre côté, les humains ne se trouvent-ils pas en situation de *compétition*, du fait que les besoins, désirs et aspirations de tous ne peuvent pas toujours être satisfaits également? Et l'être humain n'est-il pas disposé à défendre et à promouvoir ses propres intérêts individuels avant tout, au détriment des autres si nécessaire?

Autrement dit, il cherche d'abord et avant tout à satisfaire ses propres besoins, à assouvir ses propres désirs et à réaliser ses propres projets, quitte à empêcher les autres d'en faire autant si c'est à son avantage, et à entrer en *conflit* avec les autres. Si l'être humain est incliné à se soucier de sa progéniture, de sa famille, son souci pour les autres s'étend-il vraiment au-delà de sa famille?

D'ailleurs, que j'aie « besoin des autres » (que moi et ma famille ayons besoin d'eux) n'implique pas nécessairement que je doive *coopérer* avec eux, ni que je les considère comme des égaux, ou que j'éprouve pour eux un sentiment de respect.

Ces autres dont j'ai besoin, il se peut que je les considère comme des inférieurs, que je les méprise. Il peut être avantageux pour moi de dominer les autres, de me servir d'eux, de les tromper et de les exploiter, plutôt que de coopérer avec eux et d'établir, dans le respect et la sincérité, des rapports égalitaires.

De plus, la valeur que je m'attribue comme personne, de même que le degré de bonheur que j'éprouve, comportent tous deux une dimension comparative qui s'avère centrale. L'être humain ne préfère-t-il pas s'élever au-dessus des autres, plutôt que de se « contenter » de rapports égalitaires?

Pour ce qui est de la justice, l'être humain n'est-il pas porté à considérer « juste » ce qui sert ses intérêts et ceux de ses proches, « injuste » ce qui leur nuit, et à demeurer indifférent au reste?

Compte tenu de ces facteurs, les *conflits* semblent inévitables. Or, des sources de conflit profondes et permanentes menacent forcément la cohésion de la société.

La plupart des philosophes, de l'Antiquité jusqu'au 18e siècle, ont fait un bilan plutôt négatif des instincts sociaux et asociaux de l'être humain. Plusieurs ont adopté *une théorie égoïste de la motivation,* selon laquelle l'être humain est motivé d'abord et avant tout par son propre intérêt (et peut-être celui de ses proches). Bien que capable de bienveillance, il cherche en priorité à satisfaire ses propres besoins, à assouvir ses désirs et à combler ses aspirations, quitte à s'en prendre à ses semblables. Chacun cherchant à assouvir ses désirs, au détriment des autres si nécessaire, il s'ensuit, selon ces philosophes, que la compétition et le conflit sont au cœur même de la condition humaine.

Considérant cette dualité de l'être humain, le philosophe Emmanuel Kant (1724-1804) parle de « l'*insociable sociabilité* des hommes, c'est-à-dire le penchant des hommes à entrer en société, qui est pourtant lié à une résistance générale qui menace constamment de rompre cette société. » (Kant 1784, p. 8-9) L'expression d'*insociable sociabilité* est devenue classique.

2.1 Droit naturel et droit civil

Indépendamment du bilan que l'on peut faire de ces instincts sociaux et asociaux, de ce qui incline l'être humain à la coopération ou au conflit, les philosophes vont reconnaître quasi unanimement qu'il possède bel et bien un côté asocial; qu'il est nécessaire de neutraliser ce côté asocial afin que la vie en société soit possible; et que la façon de neutraliser ce côté asocial est de s'assurer que tous les membres d'une même collectivité observent un certain nombre de *règles*, de *prescriptions*.

Par exemple, l'être humain peut être enclin à attaquer ses semblables, ou à les voler. Cependant, la vie en société serait dangereusement chaotique si de tels comportements étaient permis. Pour que l'ordre social soit maintenu, il faut observer des prescriptions interdisant ces comportements, ou qui ne les permettent que dans des circonstances exceptionnelles.

La raison est à même de découvrir quelles conditions doivent être satisfaites pour que soit possible une vie sociale digne de ce nom; et donc quelles règles, ou prescriptions, doivent être observées pour que ces conditions soient satisfaites. Ces règles ou prescriptions se veulent rationnelles, et ont été caractérisées par les philosophes comme des « lois rationnelles », constituant un « droit rationnel ». Cependant, Aristote, et à sa suite les philosophes de l'école stoïcienne, les ont plutôt désignées par l'expression de *lois de nature* (ou *lois naturelles*) et ont appelé *droit naturel* l'ensemble qu'elles constituent, parce que ces lois, ce droit, sont conformes à la *nature des choses*.

Ces lois sont donc basées sur une rationalité qui tend à l'objectivité et à l'universalité (au sens de « commune à tous les humains ».) Il s'ensuit que le droit naturel pourrait, en principe, s'appliquer à tout le genre humain. Cela n'implique pas qu'il soit *reconnu* par tous.

Ici, il faut distinguer les lois de nature des *lois civiles*, qu'Aristote appelle également *lois établies*. Celles-ci sont les lois consignées dans les codes de lois en vigueur dans les différentes sociétés où l'écriture est en usage, et qui constituent donc le *droit civil* (ou *droit établi*.)

Le droit naturel et le droit civil se recoupent partiellement. En effet, certaines lois civiles correspondent à des lois naturelles, mais pas toutes cependant : les origines de toutes les lois civiles ne sont pas rationnelles. Certaines ont leurs origines dans des traditions plus ou moins superstitieuses, des préjugés, des événements divers, etc. Pour cette raison, certaines lois civiles n'ont pas nécessairement la rationalité qui caractérise le droit naturel.

Inversement, il ne faut pas s'attendre à ce que, dans une société donnée, « toutes » les lois naturelles y soient en vigueur. En effet, toutes les lois qui, objectivement et rationnellement, peuvent contribuer à protéger la vie en société ne s'imposent pas nécessairement d'elles-mêmes, pas plus dans la pensée que dans la pratique (d'autant moins qu'en dehors de la logique formelle, les standards de la raison et leur application requièrent une certaine interprétation.) Concrètement, il est apparu à la plupart des penseurs qui ont contribué au droit naturel – de même qu'à la plupart des législateurs – qu'il était rationnel d'interdire le meurtre, les agressions et le vol. Mais le consensus est très limité quand on cherche à cerner ce qu'il est au juste rationnel d'interdire, d'imposer comme obligatoire, de reconnaître comme permis, ainsi que sur ce qu'il est rationnel d'infliger comme punition aux contrevenants. Par exemple, y a-t-il des principes rationnels à la base de la morale sexuelle? Ou encore, le principe punitif « œil pour œil, dent pour dent » est-il rationnel?

Aussi ne faut-il s'étonner ni de ce que les lois civiles varient d'une société à l'autre, ni de ce que les philosophes eux-mêmes ne soient pas parvenus à un consensus sur le contenu du droit naturel. Autre facteur de difficulté : pour découvrir les lois naturelles, il faut tenir compte de la nature humaine, puisqu'il s'agit d'en neutraliser les instincts asociaux et les penchants égoïstes. Or, les philosophes ne s'entendent pas sur une théorie unique de la nature humaine.

Enfin, il se peut que certaines lois naturelles ne puissent tout simplement pas se traduire en lois civiles. Par exemple, ainsi que nous allons le voir dans un autre chapitre, Thomas Hobbes (1588-1679) formule ce qu'il considère être une loi de nature qui définit la vertu de gratitude. Il s'agit d'une prescription qui doit être suivie, mais elle n'est pas nécessairement traduisible en loi civile.

Dès l'Antiquité, la variabilité des codes moraux et des systèmes de droit civil selon les sociétés et les époques fut invoquée par les sceptiques pour nier l'existence du droit naturel. Cependant, si les considérations que nous venons d'exposer sont correctes, cet argument n'est guère concluant.

2.2 Droit naturel et droit divin

La notion de *droit divin* est aussi ancienne que les religions : elle désigne les lois qui, selon diverses religions, furent données aux humains par certaines divinités. Ainsi, les livres sacrés des religions révélées incluent un grand nombre de prescriptions morales, lesquelles se présentent comme autant de *lois divines*, c'est-à-dire de lois révélées par Dieu.

Parmi les lois divines que contient la bible hébraïque, certaines concernent les rapports que les humains doivent entretenir avec Dieu. Par exemple, Yahveh prescrit la circoncision, impose des interdictions alimentaires et ordonne l'observance du sabbat (un jour sur sept consacré au repos et à la prière.) Il donne également des instructions précises concernant les rituels religieux. D'autres lois divines concernent les rapports des humains entre eux et ont pour cette raison un caractère social. Ainsi, les Dix Commandements donnés par Yahveh à Moïse incluent l'interdiction du meurtre, du vol et du parjure. Il s'agit là de lois divines à caractère « social », qui recoupent le droit naturel, c'est-à-dire qu'elles sont identiques à certaines lois de nature (au sens que nous avons élucidé plus haut.) D'un point de vue religieux, c'est d'abord et avant tout parce qu'elles sont prescrites par Dieu qu'elles doivent être observées, mais la raison confirme leur bien-fondé.

On voit donc que le droit divin et le droit naturel se recoupent en partie. La partie du droit divin qui concerne la façon correcte d'entrer en relation avec Dieu ne se découvre que par la Révélation, et non par la raison, aussi ne correspond-elle pas au droit naturel. Pour ce qui est des règles nécessaires à la vie en société, elles ne sont pas *toutes* consignées dans les livres sacrés, et n'ont donc pas *toutes* été révélées par Dieu. Ces règles indispensables qui n'ont pas été révélées par Dieu, les humains sont à même de les découvrir d'eux-mêmes, par la raison.

Selon les théologiens et philosophes chrétiens, Dieu a doté les humains d'une faculté rationnelle pour que, en en usant bien, ils puissent découvrir par eux-mêmes comment vivre en harmonie les uns avec les autres. Ainsi, les lois naturelles et les lois divines se complètent. La raison nous vient de Dieu, et lorsqu'on en fait bon usage, elle nous mène à des jugements conciliables avec les vérités révélées... sauf exception.

Quant aux vertus, elles sont désormais opposées à la notion religieuse de « péché » plutôt qu'à celle de « vice », plus neutre du point de vue religieux.

Bibliographie

Kant, Emmanuel. *Idée d'une histoire universelle au point de vue cosmopolitique*. Traduction Philippe Folliot, 2002. Collection « Les classiques des sciences sociales ». http://classiques.uqac.ca/

Platon. *Apologie de Socrate* et *Criton*. Garnier-Flammarion, 1997.

Platon. *La république*. Garnier-Flammarion, 2004.

Brisson, Luc. « Introduction » et « Notes ». Dans *Apologie de Socrate* et *Criton*, op. cit.

Canto-Sperber (dir.). *Philosophie grecque*. Presses Universitaires de France, 1997.

Leroux, Georges. « Introduction » et « Notes ». Dans *La république*, op. cit.

3 | Théorie du contrat social et libéralisme

À partir des Temps Modernes, plusieurs philosophes qui vont contribuer à la théorie du droit naturel vont ajouter à celle-ci l'idée que l'ordre social présuppose une sorte de pacte, ou « contrat », entre les membres de la société et leur gouvernement. Aussi appelle-t-on habituellement « théorie du contrat social » cette version moderne de la théorie du droit naturel.

Le philosophe anglais Thomas Hobbes (1588-1679) est généralement considéré comme celui qui a initié la théorie du contrat social proprement dite. (Sa théorie est résumée dans la section 1)

Par la suite, d'autres philosophes ont proposé des versions distinctes de la théorie du contrat social. Parmi eux, on retrouve notamment John Locke (1632-1704). (Sa théorie est brièvement présentée dans la section 2) Locke est en même temps le «père» de la doctrine du *libéralisme* (section 3).

Jean-Jacques Rousseau (1712-1778) apportera une contribution critique à la théorie du contrat social, qui inspirera les doctrines socialistes.

La théorie du contrat social est un vaste ensemble. Elle présuppose une certaine théorie de la nature humaine, et se trouve liée, explicitement ou implicitement, à une thèse axiologique portant sur le souverain bien.

Sur cette base, la théorie du contrat social proprement dite intègre un modèle de l'état de nature; une liste de lois de nature; et une théorie du gouvernement.

Mais qu'est-ce qu'un « état de nature »? La plupart des philosophes qui ont eu recours à cette notion ont omis d'en donner une définition claire. Néanmoins, dans l'histoire de la théorie du contrat social, on peut en discerner, en gros, deux versions.

Selon l'une, l'idée d'« état de nature » est celle d'une humanité au sein de laquelle il n'existerait aucune société dirigée par un gouvernement, et donc aucune société dotée d'institutions capables de faire appliquer des lois (ou des règles s'apparentant à des lois).

Un tel « état de nature » n'exclut pas qu'il puisse exister de petites communautés socialement constituées. C'est la version qu'on retrouve dans la théorie de Hobbes.

Selon l'autre, l'état de nature est un état où les humains vivraient en dehors de toute communauté sociale, mis à part des familles, ou de petits groupes sans attaches profondes, susceptibles de se défaire aussi aisément qu'ils peuvent se constituer. C'est la version qu'on retrouvera dans la théorie de Rousseau.

L'état de nature est d'abord et avant tout une « expérience de pensée », c'est-à-dire une fiction utile à la pensée. Pour à peu près tous les théoriciens du contrat social, jusqu'à Rousseau, un modèle de l'état de nature sert à démontrer que l'être humain ne peut pratiquement pas vivre hors d'une société pourvue d'une forme ou d'une autre de gouvernement, capable de faire appliquer certaines règles prescriptives. Il sert aussi à cerner à quelles conditions est possible l'état de société.

On trouve une première référence à un état de nature chez Platon, dans le *Protagoras*. On retrouve également l'idée dans la pensée d'Aristote.

En ce qui concerne la théorie du gouvernement, deux camps s'opposent. D'un côté, les partisans de la concentration, dans les mains d'un gouvernement autoritaire, des pouvoirs législatif, exécutif et judiciaire. De l'autre, les partisans de la *séparation des pouvoirs* entre le monarque, une forme ou une autre d'assemblée parlementaire, et des tribunaux indépendants. En Angleterre, ces débats ont une longue histoire, étant donné que depuis le Moyen Âge, le roi a dû partager certains pouvoirs avec un *parlement*. Au 17e siècle, les débats sur la question sont agités par les événements politiques qui provoquent la guerre civile anglaise de 1642-1651, puis la « Glorieuse Révolution » de 1688-1689.

À partir du milieu du 19e siècle, deux développements théoriques majeurs ont entraîné de nouvelles réflexions sur le contrat social, qui se poursuivent aujourd'hui.

D'un côté, la pensée de Karl Marx (1818-1883) contient une critique radicale de la théorie du contrat social aussi bien que du libéralisme.

D'un autre côté, le développement de la *théorie évolutionniste* apporte des éléments nouveaux à la théorie du contrat social, ainsi qu'à la réflexion sur la nature et les origines de la moralité. Le coup d'envoi en est donné par Charles Darwin (*De l'origine des espèces,* 1859), mais ce n'est véritablement qu'à partir du 20e siècle que la théorie évolutionniste permettra d'approfondir de façon significative la réflexion sur la moralité et sur le contrat social. Au 19ᵉ siècle, les penseurs qui ont voulu appliquer cette théorie au domaine humain l'ont fait de façon erronée, sur la base d'arguments fallacieux. En conséquence, la théorie dite du « darwinisme social » a surtout donné à croire que l'évolutionnisme n'était pas pertinent à la compréhension du monde humain.

C'est au 20ᵉ siècle qu'on a vu comment la théorie évolutionniste pouvait contribuer à la théorie du contrat social, en proposant une analyse, en termes *adaptatifs*, des rapports entre :

   a)   les attitudes et les conduites orientées vers la *coopération* ;
   b)   celles qui sont orientées vers le *conflit* et l'*exploitation* ;
   c)   les *règles sociales et morales* qui, en gérant les tensions entre coopération et compétition, rendent possible la société humaine.

Une théorie mathématique apparue au 20ᵉ siècle, la « théorie des jeux », a permis de construire des modèles permettant de tester certaines hypothèses sur l'adaptativité de la coopération et du conflit. À partir des années 1970, le développement de l'informatique a permis de mettre au point des modèles d'une complexité croissante.

En 1971, le philosophe américain John Rawls (1921-2002) a publié sa *Théorie de la justice*, qui s'inspire à la fois de la théorie du contrat social, de la philosophie de Kant et du libéralisme.

1. Thomas Hobbes

[Les citations du *Léviathan* sont tirées de la traduction de François Tricaud, Éditions Dalloz 1999 [édition originale Sirey, 1971]. Toutes les références se limitant à un numéro de page renvoient à cette édition du *Léviathan*. Lettres italiques et lettres capitales dans le texte original.]

C'est vers 1647, donc pendant la guerre civile anglaise, que Hobbes aurait entrepris la rédaction, en anglais, du *Léviathan*, qui allait s'affirmer comme son ouvrage le plus influent. La version anglaise est publiée en 1651.

À la demande de son éditeur, Hobbes en publie une version latine en 1668. Plusieurs spécialistes de Hobbes sont d'avis que la version latine a été écrite en partie avant, et en partie après la version anglaise (Tricaud 1999 [1971] p. xvi - xxix).

La section 1.1 présente brièvement les éléments de sa théorie de la nature humaine qui sont les plus pertinents au regard de sa théorie du contrat social; sa thèse axiologique concernant le souverain bien; et son modèle de l'état de nature.

Selon Hobbes, l'état de société doit être régi par dix-neuf lois de nature. La section 1.2 en présente les principales. Sa théorie du gouvernement est résumée dans la section 1.3.

1.1 Un modèle de « l'état de nature »

Imaginer un état de nature ne va pas sans une certaine théorie de la nature humaine. Deux éléments de la théorie de la nature humaine de Hobbes sont particulièrement importants au regard de son modèle de l'état de nature.

D'abord, selon Hobbes, les humains sont naturellement égaux quant à leurs capacités physiques et mentales. À tout le moins, les capacités des uns sont comparables à celles des autres : il n'existe pas d'hommes supérieurs au point qu'ils puissent dominer les autres de façon permanente. Ensuite, Hobbes adhère à une théorie égoïste de la motivation. En conséquence, dans un état de nature, les relations de pouvoir seraient instables, aucune catégorie d'hommes supérieurs ne pouvant naturellement assurer sa domination sur les autres.

Deuxièmement, afin d'évaluer en toute rigueur ce que représenterait un état de nature pour l'humanité, Hobbes prend position quant à ce en quoi consiste le souverain bien : selon lui, il s'agit de *la vie* elle-même, au sens individuel, c'est-à-dire : pour chacun sa propre vie.

Tenant compte de ce qu'il considère comme les traits centraux de la nature humaine, Hobbes identifie « trois causes principales de querelle : premièrement, la rivalité; deuxièmement, la méfiance; troisièmement, la fierté. » (p. 123) Le résultat est que l'état de nature est une *guerre de chacun contre chacun* : « la vie de l'homme est alors solitaire, besogneuse, pénible, quasi-animale, et brève. » (p. 125)

Dans un tel état de nature, nous dit l'auteur du *Léviathan*, « [l]es notions de légitime et d'illégitime, de justice et d'injustice, n'ont pas [...] leur place. Là où il n'y a pas de pouvoir commun, il n'est pas de loi; là où il n'est pas de loi, il n'est pas d'injustice. » (p. 126) Ainsi, tous les humains sont également *libres* : chacun jouit d'une liberté absolue, sans aucune restriction : « tous les hommes ont un droit sur toutes choses, et même les uns sur le corps des autres. » (p. 129)

L'avantage d'un tel état de nature, c'est que les humains y jouiraient d'une liberté maximale, d'un « droit sur toutes choses ». La liberté est effectivement une chose à laquelle à peu près tous les humains reconnaissent une grande valeur. Cependant, si l'état de nature est un état de licence totale, où chacun peut voler son voisin, et même le tuer pour s'approprier les fruits de son travail, la vie elle-même – le souverain bien selon Hobbes – s'y trouve menacée.

Un tel état de nature a-t-il déjà existé dans les faits? Les humains vivaient-ils ainsi à une époque très reculée? Hobbes en doute. Son modèle de l'état de nature n'est pas une tentative de reconstitution historique, mais bien plutôt une expérience de pensée servant à démontrer la nécessité de la vie en société. Le modèle de l'état de nature contribue également à cerner les lois de nature nécessaires à l'ordre social.

Tout de même, Hobbes, qui croit les sociétés tribales dépourvues de toute forme de gouvernement rationnel, considère leur condition comme très proche de l'état de nature (p. 125.) De même, les États qui sont plongés dans la guerre civile, étant dépourvus de gouvernements capables de faire appliquer les lois, sont pratiquement dans une situation d'état de nature. Il en va de même des relations entre les États, qui ne se trouvent sous l'autorité d'aucune instance supranationale.

Compte tenu de ce que la *vie* est le souverain bien, l'état de nature n'est rien moins qu'une catastrophe. Les humains doivent à tout prix vivre dans un *état de société*, précisément dans une société pourvue d'un gouvernement capable de faire appliquer des lois. Le doit civil devrait être le plus proche possible du droit naturel. Il faut donc, en toute rationalité, identifier les « lois de nature » dont l'institution peut seule prévenir les trois causes de querelle et neutraliser suffisamment le côté asocial de l'être humain.

1.2 L'état de société et ses dix-neuf lois de nature

Les lois de nature, donc, sont des *prescriptions* qui énoncent quelles attitudes et conduites sont obligatoires, interdites ou permises. Ces prescriptions sont censées être rationnelles, puisqu'elles sont indispensables au maintien d'un ordre social, lui-même indispensable à notre survie. Les attitudes et conduites permises sont celles auxquelles les humains ont *droit* « naturellement », compte tenu que la vie est notre bien le plus précieux; la nature humaine comporte un côté asocial; enfin, ce côté asocial, et certains phénomènes qu'il peut engendrer, doivent être neutralisés pour que l'ordre social, nécessaire à la survie de tous, soit maintenu.

De ces lois de nature découlent à leur tour les définitions des vertus et des vices. En effet (ainsi que nous allons le voir bientôt), chaque vertu se définit comme le souci de vivre en accord avec une loi de nature en particulier, alors que l'indifférence à la loi en question définit le vice correspondant. Hobbes dénombre dix-neuf de ces lois naturelles. Considérons-en quelques-unes parmi les plus importantes.

La première loi comporte deux volets. Selon le premier, « *tout homme doit s'efforcer à la paix, aussi longtemps qu'il a l'espoir de l'obtenir;* » (p. 129.) Selon le deuxième volet, quand on ne peut obtenir la paix, on a « *le droit de se défendre par tous les moyens dont on dispose.* » On voit ainsi que le droit à défendre sa vie est un *droit naturel* qui découle rationnellement de la thèse selon laquelle la vie est notre bien le plus précieux.

La deuxième loi porte sur la nécessité pratique, pour la survie de chacun, de restreindre les droits et les libertés de chacun *de façon égale* :

> « *que l'on consente, quand les autres y consentent aussi, à se dessaisir, dans toute la mesure où l'on pensera que cela est nécessaire à la paix et à sa propre défense, du droit qu'on a sur toutes choses; et qu'on se contente d'autant de liberté à l'égard des autres qu'on en concéderait aux autres à l'égard de soi-même.* » (p. 129) Hobbes reconnaît un statut fondamental à cette loi. Il l'identifie à la règle d'or prêchée par Jésus, règle qu'il considère comme une loi universelle : « *Cette loi est celle de l'Évangile qui dit : tout ce que tu réclames que les autres te fassent, fais-le-leur, ainsi que la loi commune à tous les hommes qui dit : quod tibi fieri non vis, alteri ne feceris [ce que tu ne veux pas qu'on te fasse, ne le fais pas à autrui].* »

Nous allons voir que cette loi est quelque peu élaborée par les neuvième et dixième lois, avec lesquelles elle définit le double principe de l'*égalité en droits* et de l'*autolimitation des droits*, selon lequel les droits et libertés des uns s'arrêtent là où commencent ceux des autres.

La troisième loi porte sur l'obligation, pour éviter que l'on tombe dans un désordre équivalant à l'état de nature, de respecter les engagements et les contrats, une fois qu'ils sont passés.

Ce rempart contre l'état de nature est la base même de la *justice* :

> « que les hommes s'acquittent de leurs conventions, une fois qu'ils les ont passées. Sans quoi les conventions sont sans valeur, et ne sont que paroles vides; et le droit de tous sur toutes choses subsistant, on est encore dans l'état de guerre. »

Hobbes ajoute :

> « *Et c'est en cette loi de nature que consistent la source et l'origine de la JUSTICE. [...] [Q]uand une convention est faite, alors il est injuste de l'enfreindre. Car la définition de l'INJUSTICE n'est rien d'autre que la non-exécution des conventions. Est juste tout ce qui n'est pas injuste.* » (p. 143)

La quatrième loi définit la vertu de gratitude.

> « *De même que la justice dépend d'une convention antérieure, la GRATITUDE dépend d'une faveur antérieure [...] C'est la quatrième loi de nature qui peut être envisagée sous cette forme : qu'un homme qui reçoit d'un autre un bienfait purement grâcieux [sic], s'efforce que celui qui le lui accorde n'ait pas de motif raisonnable qui lui fasse regretter sa bienveillance.* » (p. 151)

Le respect de cette prescription définit la vertu de gratitude, alors que « *[l'] infraction à cette loi se nomme ingratitude et se trouve dans la même relation à l'égard des démarches grâcieuses que l'injustice vis-à-vis de l'obligation issue des conventions.* » (p. 152)

La septième loi définit le *droit à la vengeance* en même temps que ses limites :

> « *que dans les vengeances (c'est-à-dire quand on rend le mal pour le mal) on ne considère pas la grandeur du mal passé, mais la grandeur du bien qui doit s'ensuivre. Il nous est interdit par là d'infliger un châtiment avec un autre dessein que la correction de l'offenseur et l'instruction des autres.* » (p. 153)

Hobbes nous dit que l'infraction à cette loi est « *ce qu'on désigne généralement du nom de cruauté.* » (p. 153)

Hobbes appelle *modération* la vertu que définit le respect de cette prescription (mais sur ce point il n'est pas tout à fait clair).

La neuvième loi porte sur la nécessité pour chacun de considérer autrui comme étant moralement son égal :

> « Si donc la nature a fait les hommes égaux, cette égalité doit être reconnue; et si elle les a faits inégaux, étant donné que les hommes, se jugeant égaux, refuseront de conclure la paix, si ce n'est sur un pied d'égalité, cette égalité doit néanmoins être admise. J'indique donc comme neuvième loi de la nature celle-ci : que chacun reconnaisse autrui comme étant son égal par nature. L'infraction à ce précepte est l'orgueil. » (p. 154)

Selon Hobbes, la neuvième loi en implique une autre.

> « De cette loi [la neuvième] en dépend une autre, la dixième : qu'en concluant la paix, nul n'exige de se réserver aucun droit qu'il n'accepte pas de voir réserver à chacun des autres. De même qu'il est nécessaire pour tous ceux qui recherchent la paix de se dessaisir de certains droits de nature, autrement dit, de ne pas avoir la liberté de faire tout ce qui leur plaît, de même il est nécessaire à la vie humaine de retenir certains droits, tels que celui de gouverner son corps, de jouir de l'air, de l'eau, du mouvement, du libre passage d'un endroit à un autre, et de toutes les autres choses sans lesquelles un homme ne peut pas vivre, ou ne peut pas vivre commodément.
>
> Si dans ces conditions certains exigent pour eux, en faisant la paix, ce qu'ils ne voudraient pas voir accorder aux autres, ils agissent contrairement à la loi précédente, qui ordonne de reconnaître l'égalité naturelle, et par conséquent ils agissent contre la loi naturelle. Ceux qui observent cette loi sont ceux qu'on appelle des hommes mesurés, alors que ceux qui l'enfreignent sont les arrogants. » (p. 154)

On remarquera que ce passage définit en passant quelques droits et libertés fondamentaux : droit à la vie et à la sécurité, droit à la libre circulation des personnes, droit à la propriété...

Ensemble, les deuxième, neuvième et dixième lois de nature définissent le double principe de l'égalité en droits et de l'autolimitation des droits.

Nous avons vu que Hobbes identifie la deuxième loi de nature à la règle d'or. Or, après avoir énoncé les dix-neuf lois, il affirme que cette même règle en résume l'esprit d'ensemble, de telle sorte que celui qui l'observe se trouve par le fait même à observer l'ensemble des lois de nature. Voilà qui confirme que, pour l'auteur du *Léviathan*, les deuxième, neuvième et dixième lois constituent le « noyau » du droit naturel :

> « Encore que cette déduction des lois de nature puisse paraître trop subtile pour retenir l'attention de tous les hommes, dont la plus grande part sont trop affairés aux soins de leur nourriture, et les autres trop négligents pour comprendre, on les a ramassés, pour enlever toute excuse à qui que ce soit, en une seule formule qui les résume toutes, formule facile, et intelligible même au plus mal doué : ne fais pas à autrui ce que tu ne voudrais pas qu'on te fît à toi-même ; » (p. 157)

Les lois de nature, affirme-t-il plus loin, sont objectives :

> « Les lois de nature sont immuables et éternelles. En effet, l'injustice, l'ingratitude, l'arrogance, l'orgueil, l'iniquité [...] ne peuvent jamais devenir légitimes : car il ne peut jamais se faire que la guerre préserve la vie, et que la paix la détruise. » (p. 158)

Puis il ajoute :

> « La science de ces lois est la vraie et la seule philosophie morale. En effet, la philosophie morale n'est rien d'autre que la science de ce qui est bon et mauvais dans le commerce et la société des hommes. Bon et mauvais sont des appellations qui expriment nos appétits et nos aversions, lesquels diffèrent avec les tempéraments, les coutumes et les doctrines des gens. » (p. 159)

Autrement dit, la « déduction » rationnelle de ces lois de nature (à partir de la théorie égoïste de la motivation, de la thèse de la vie comme souverain bien et du modèle de l'état de nature) constitue la seule façon de donner une certaine objectivité aux notions de « bien » et de « mal ».

1.3 Théorie du gouvernement : « le souverain »

La raison reconnaît aisément que le respect des lois de nature est nécessaire à l'ordre social, et donc à la survie. Qu'en est-il de nos passions ? Hobbes remarque que certaines d'entre elles nous poussent spontanément à respecter l'ordre social. D'autres, cependant, nous poussent à les enfreindre : *« D'elles-mêmes en effet, en l'absence d'un pouvoir qui les fasse observer par l'effroi qu'il inspire, les lois de nature (comme la justice, l'équité, la modération, la pitié, et d'une façon générale, faire aux autres ce que nous voudrions qu'on nous fît) sont contraires à nos passions naturelles, qui nous portent à la partialité, à l'orgueil, à la vengeance, et aux autres conduites de ce genre. »* (p. 173)

Il faut donc un mode de gouvernement capable de faire respecter les lois de nature. À ce sujet, Hobbes préconise une forme particulièrement autoritaire de gouvernement, il faut, dit-il, « un pouvoir commun » qui fera observer les lois de nature « par l'effroi qu'il inspire. » Or, « [l]a seule façon d'ériger un tel pouvoir commun […], c'est de confier tout leur pouvoir et toute leur force à un seul homme, ou à une seule assemblée […] » (p. 177) Cet homme, ou cette assemblée, Hobbes l'appelle le *souverain*. Celui-ci concentre dans ses mains les pouvoirs exécutif, législatif et judiciaire.

Qu'il s'agisse d'une personne seule (un monarque) ou d'un groupe de personnes (une assemblée) ne fait pas grand différence : selon Hobbes, une assemblée exerçant le pouvoir souverain doit de toute façon décider et agir comme un seul homme.

Hobbes décrit une douzaine de droits et prérogatives spéciaux qui appartiennent en propre au souverain. Il s'en dégage non seulement que le souverain concentre dans ses mains les trois pouvoirs, mais encore que le souverain ne peut être déchu ; qu'il jouit d'une immunité totale ; que son autorité est incontestable ; et qu'aucun de ses sujets ne peut se soustraire à son autorité.

Selon l'auteur du *Léviathan*, les droits et prérogatives du souverain sont « inaliénables et inséparables » (p. 187). Autrement dit, ils constituent un tout : retirer un pouvoir au souverain lui rendrait impossible l'exercice d'un autre pouvoir, et ainsi de suite, ce qui le rendrait en fin de compte impotent.

Par ailleurs, c'est du pouvoir du souverain que découle la légitimité de l'aristocratie. En effet, l'une des prérogatives du souverain est « de donner les titres d'honneur, et de déterminer le rang et la dignité dont chacun doit jouir [...] », en récompense de services rendus à la société (p. 187.) L'idée est que l'existence des différents titres de noblesse, et des castes privilégiées et héréditaires qu'ils constituent, n'entre pas en contradiction directe avec le principe de l'égalité des droits.

Selon Hobbes, les membres de la société *consentent implicitement* à « transmettre » à un pouvoir souverain certains droits et libertés. Telle est selon lui la nature du pacte, du *contrat social* qui se trouve à la base de toute civilisation. Dans la société idéale, les membres de la société transmettraient au souverain (au sens de Hobbes) la liberté sans restriction et le « droit sur toutes choses » qu'ils auraient dans un état de nature, et donc lui reconnaîtraient une autorité absolue. Et ce afin de garantir leur survie, ainsi qu'un petit nombre de droits fondamentaux, notamment le droit à la vie et à la sécurité, le droit à la libre circulation des personnes, le droit à la propriété...

C'est la nécessité pratique de ce contrat social qui en fonde la légitimité. Quant à la justice, son essence consiste à s'acquitter de ses contrats et engagements (voir la troisième loi de nature), y compris le contrat social.

Hobbes va jusqu'à dire que le contrat social unit l'ensemble de la société en un seul « corps social », l'équivalent d'un seul individu, un seul organisme, dont le souverain constituerait l'esprit.

2. John Locke

[Les citations du *Second traité du gouvernement* sont tirées de la traduction de Jean-Fabien Spitz. Presses Universitaires de France, 1994. Lettres italiques dans le texte original.]

La théorie du contrat social de Locke, telle qu'exposée dans son *Second traité du gouvernement* (1689), partage certains éléments communs avec celle de Hobbes. Cependant, sa conception de l'état de nature et sa théorie du gouvernement sont très différentes de celles qu'on retrouve dans le *Léviathan*. Locke est également le «père» du libéralisme, doctrine selon laquelle *les droits et libertés des personnes* constituent les éléments de la vie politique et de la vie morale.

2.1 L'état de nature et la loi de nature

La théorie de la nature humaine adoptée par Locke ressemble à celle de Hobbes. Comme celui-ci, Locke adhère à une théorie égoïste de la motivation, et considère que les hommes sont égaux entre eux. Cependant, l'auteur du *Second traité du gouvernement* endosse une idée exprimée par le théologien Richard Hooker (1554-1600), dans un passage de son *Of the Laws of Ecclesiastical Polity*, à savoir qu'il est irrationnel de considérer comme acceptable que, parmi des êtres égaux entre eux, certains cherchent à dominer leurs semblables, à les exploiter ou à les éliminer.

Ce raisonnement rend le modèle de *l'état de nature* de Locke bien différent de celui de Hobbes.

En effet, de l'égalité des hommes entre eux, Locke conclut que même dans l'état de nature, il existe une loi de nature fondamentale, dont découlent d'autres lois naturelles, et avec elles les notions de légitimité et de justice. À propos de l'état de nature, Locke affirme : « *bien qu'il s'agisse là d'un état de liberté, ce n'est pas pour autant un état de licence.* » (Second traité du gouvernement p. 6.) Autrement dit, les hommes dans l'état de nature ne jouissent pas d'une liberté sans restrictions, et ils ne possèdent pas « un droit sur toutes choses ».

Ainsi, Locke considère que ni l'existence des lois de nature, ni l'applicabilité des notions de *légitime* et d'*illégitime*, de *juste* et d'*injuste*, ne dépendent de l'existence de la société, ou de celle d'un « pouvoir commun ».

Même un état de nature se voit régi par une loi de nature fondamentale, qui se doit d'être respectée. Quelle est donc cette loi? Locke la présente comme suit :

> « *L'état de nature possède une loi de nature qui le régit et cette loi oblige tout le monde; [...] étant tous égaux et indépendants, aucun ne doit nuire à un autre dans sa vie, sa santé, sa liberté et ses possessions. [...] Chacun est tenu de se conserver soi-même [...]; par la même raison, lorsque la préservation n'est pas en jeu, il doit, autant qu'il peut, préserver le reste du genre humain, et il ne peut, à moins que ce ne soit pour faire justice d'un coupable, enlever ou altérer la vie, c'est-à-dire la liberté, la santé, les membres ou les biens d'un autre homme.* » (Second traité du gouvernement p. 6.)

Bref, la loi de nature fondamentale impose à tous le *devoir* de se préserver soi-même et de préserver le genre humain, ce qui implique que chacun a *droit* à la vie.

De plus, dans l'état de nature, chaque homme a le droit de faire respecter cette loi, dans la mesure de ses moyens :

> « *Afin que tous les hommes soient retenus d'empiéter sur les droits des autres et de se faire du mal les uns aux autres, et afin que la loi de nature, qui veut la paix et la préservation de tout le genre humain, soit observée, l'exécution de cette loi de nature est, dans cet état, confiée aux mains de chaque homme; par là chacun possède le droit de punir ceux qui transgressent cette loi, et ce d'une manière propre à en empêcher la violation.* » (Second traité du gouvernement p. 7.) Locke précise un peu plus loin : « *par conséquent, chacun peut infliger à quiconque a transgressé cette loi [la loi de nature] tout mal susceptible de faire qu'il se repente d'avoir agi ainsi, et susceptible de l'empêcher de commettre à nouveau le même forfait, ou d'en dissuader les autres par son exemple. Dans ce cas, et sur ce fondement, tout homme a le droit de punir le coupable, et de se faire l'exécuteur de la loi de nature.* » (Second traité du gouvernement p. 8)

Autrement dit, dans l'état de nature, chacun a le droit de « *punir* le crime pour *réprimer* et prévenir le retour de fautes semblables. » (*Second traité du gouvernement* p. 9)

Pour le reste, chacun est libre de sa conduite, pour peu qu'il assume ses responsabilités et respecte la loi de nature.

Néanmoins, Locke admet avec Hobbes que l'état de nature n'est pas viable. Chacun a beau avoir le droit de faire respecter la loi de nature, cela n'empêche pas que chacun est motivé d'abord et avant tout par son propre intérêt. À défaut d'un juge commun, l'état de nature ne peut que dégénérer en état de guerre généralisé. Voilà pourquoi l'être humain a besoin de vivre en société.

Quelle conception Locke se fait-il du souverain bien? Locke semble croire qu'il consiste en la vie elle-même, mais sur un mode collectif et non pas individuel. Autrement dit, le souverain bien est la vie du genre humain et, au-delà, son épanouissement.

2.2 Le gouvernement et le contrat social

La conception du contrat social exprimée dans le *Second traité du gouvernement* partage des points communs avec celle de Hobbes, mais en même temps s'en distingue de façon importante. Surtout, sa théorie du gouvernement est radicalement différente de celle qui est exposée dans le *Léviathan*.

Pour Locke comme pour Hobbes, la raison d'être du gouvernement consiste à faire respecter le droit naturel et ainsi à protéger les droits de chacun (notamment le droit à la vie et à la sécurité, ainsi que le droit à la propriété, auquel Locke accorde une importance centrale.) Pour l'auteur de *Second traité*, cependant, les membres de la société ne consentent à transférer qu'*un seul droit* à leur gouvernement : celui de *punir* ceux qui transgressent la loi de nature, et qui enfreignent ainsi les droits des autres. Ce transfert de droit au gouvernement implique que celui-ci a la *responsabilité* de faire respecter la loi de nature, et donc les droits de chacun.

Loin de jouir d'une autorité suprême, le gouvernement est au service des membres la société, et comme eux doit respecter la loi de nature.

Locke adhère au principe de *la séparation des pouvoirs*, mais il n'en présente pas une version achevée. C'est Montesquieu (1689-1755) qui, dans *L'Esprit des lois* [1748], distinguera clairement les *trois* pouvoirs : législatif, exécutif et *judiciaire*.

3. Le libéralisme « classique »

Le libéralisme est la doctrine selon laquelle *les droits et libertés des personnes* constituent les éléments de la vie morale aussi bien que de la vie politique.

De façon générale, on considère Locke comme le « père » du libéralisme. Pour ce qui est de Hobbes, il apparaît comme un libéral quand on considère comment il définit les droits naturels de l'homme à partir des lois de nature, et notamment comment les deuxième, neuvième et dixième lois énoncent le double principe de l'*égalité en droits* et de l'*autolimitation des droits*. En revanche, sa théorie du gouvernement est à l'opposé de la théorie du gouvernement associée à la doctrine libérale.

Sur le plan de la théorie morale, le libéralisme s'est surtout employé à approfondir la notion de droit; à en classifier les différents types; et à tenter de résoudre un double problème que le principe de l'autolimitation des droits, à lui seul, ne peut ni prévenir ni régler, à savoir : *le problème de la hiérarchisation des droits et des conflits de priorité entre les droits*. En cas de conflit entre les droits des uns et ceux des autres, lesquels prévaudront? Par exemple, entre le droit à la sécurité et le droit à la vie privée, lequel devrait avoir priorité sur l'autre? Et entre le droit à la vie et le droit à la liberté? Il est très difficile de répondre à de telles questions indépendamment des contextes dans lesquels elles se posent.

Au-delà de cette réflexion sur les droits, le libéralisme est demeuré une théorie à caractère « minimaliste ». Ainsi que nous serons en mesure de l'apprécier plus loin, si la doctrine du libéralisme s'accorde bien avec certains éléments des théories éthiques de Hume ou de Kant, ou encore de l'utilitarisme, elle demeure sceptique quant à leurs thèses fondamentales.

Selon la doctrine libérale, la justice consiste en le respect et la défense des droits de chacun, c'est-à-dire qu'une société juste est une société où les droits de chacun sont respectés et défendus. Contre quoi s'agit-il de défendre les droits des personnes? On peut identifier trois menaces qui pèsent sur les droits de chacun. D'abord, le fait que les individus sont susceptibles d'enfreindre les droits de leurs semblables; ensuite, le risque que le gouvernement et l'État deviennent tyranniques; enfin, dans le contexte de la démocratie libérale, les droits des individus peuvent être menacés par la «tyrannie de la majorité».

Considérons la première menace. Comme le dit Hobbes, nos « passions naturelles [...] nous portent à la partialité, à l'orgueil, à la vengeance, et aux autres conduites de ce genre. » Autrement dit, compte tenu du côté asocial de l'être humain, nous sommes tous susceptibles d'éprouver, un jour ou l'autre, la tentation d'enfreindre les droits d'autrui... ou de voir les nôtres enfreints par autrui.

La raison d'être de l'État est non seulement de *protéger* les droits et libertés des individus mais aussi d'*arbitrer* les conflits entre les droits. Le double principe de l'égalité des droits et de leur autolimitation constitue la base à partir de laquelle l'État va accomplir cette tâche. Il doit pour ce faire viser un idéal d'*impartialité* : l'État doit défendre également les droits de tous les citoyens et donc, idéalement, agir en arbitre impartial. Aucun individu, aucune catégorie de la population ne peuvent être favorisés au détriment des autres.

L'idéal d'impartialité implique un principe *de neutralité religieuse et de séparation de l'État et de l'Église.* L'État ne doit être d'aucune confession particulière et inversement, les institutions religieuses ne doivent pas se charger d'affaires publiques.

L'idéal d'impartialité implique également un *principe de neutralité axiologique*, c'est-à-dire que l'État doit autant que possible demeurer neutre vis-à-vis des différentes conceptions de la valeur morale des choses – mis à part sa reconnaissance de l'importance des droits individuels. « Les partisans du libéralisme "classique" ou "moderne" s'entendent pour dire qu'un devoir strict d'impartialité incombe au gouvernement, qui se doit donc de traiter les gens également; et que le gouvernement doit être neutre dans son évaluation de ce que devrait être "la vie bonne". » (Moseley 2017)

Ensuite, il faut prévenir toute tyrannie provenant du gouvernement et de l'État. Que leur pouvoir devienne tyrannique et soit l'instrument de la violation des droits des personnes serait d'autant plus choquant que leur raison d'être, selon la doctrine libérale, est justement la protection de ces droits. Pour prévenir toute dérive tyrannique de l'État et du gouvernement, le libéralisme préconise l'inscription dans la constitution de l'État du principe de la *séparation des pouvoirs*.

De plus, l'État doit autant que possible limiter son domaine d'intervention à la sphère publique, et limiter au strict minimum ses interventions dans la sphère privée. Cela étant dit, les affaires judiciaires sont partagées entre la sphère publique et la sphère privée : si la protection des droits des particuliers, ou de toute la population, l'exige, alors l'État peut intervenir dans la sphère privée. Pour prendre un exemple de notre époque : si une personne est raisonnablement soupçonnée de s'adonner à des activités criminelles, la police peut faire enquête dans ses affaires privées. Cependant, au-delà de ce qui est requis par la protection des droits, la sphère privée n'est pas du ressort de l'État.

Enfin, le risque de *tyrannie de la majorité* (ou *despotisme* de la majorité, selon l'expression d'Alexis de Tocqueville [1805-1859]). Platon, déjà, craignait le pouvoir de la majorité et les injustices qu'il peut générer. Au cours du 19ᵉ siècle, la démocratie moderne va susciter la crainte que le phénomène politique de la majorité puisse enfreindre les droits des individus, notamment ceux appartenant à des minorités.

Or, le pouvoir de la majorité se manifeste forcément à travers les pouvoirs législatif et exécutif, si les parlementaires et le chef de l'État sont élus. En revanche, des *tribunaux indépendants* peuvent défendre efficacement les droits des individus et des minorités. Aussi le libéralisme prône-t-il derechef l'inscription dans la constitution de l'État du principe de la séparation des pouvoirs, ce qui garantit (en principe) l'indépendance des tribunaux.

Les implications concrètes de ces principes ne sont pas faciles à démêler. Il en va de même de l'arbitrage que doit exercer l'État quand surviennent des conflits entre les droits des uns et les droits des autres. Mais si la séparation des pouvoirs est effective, et si l'État respecte les principes énoncés ci-haut, alors il pourra se livrer à cet arbitrage sans devenir lui-même une « tyrannie ».

Bibliographie

Hobbes, Thomas. *Léviathan : Traité de la matière, de la forme et du pouvoir de la république ecclésiastique et civile*. Introduction, traduction et notes de François Tricaud. Éd. Dalloz, 1999.

Locke, John. *Le second traité du gouvernement : Essai sur la véritable origine, l'étendue et la fin du gouvernement civil*. Introduction, traduction et notes par Jean-Fabien Spitz avec la collaboration de Christian Lazzeri. Presses Universitaires de France, 1994.

Moseley, Alexander. «Political Philosophy: Methodology». *The Internet Encyclopedia of Philosophy*, ISSN 2161-002 http://www.iep.utm.edu/29 octobre 2017.

Gaus, Gerald. Courtland, Shane D. Schmidtz, David. "Liberalism". *The Stanford Encyclopedia of Philosophy* (Édition Printemps 2015), Edward N. Zalta (dir.)

https://plato.stanford.edu/archives/spr2015/entries/liberalism

Spitz, Jean-Fabien. « Introduction » et « Notes » dans *Le second traité du gouvernement*, op. cit.

4 | David Hume

[Les citations de Hume dans ce chapitre sont toutes extraites du *Traité de la nature humaine*, Traduction de Philippe Folliot, 2006-2007. Collection « Les classiques des sciences sociales ». http://classiques.uqac.ca]

Philosophe empiriste, David Hume (1711-1776) adhère à la thèse selon laquelle l'expérience empirique (le témoignage de nos sens) est la source première de connaissance.

Son *Traité de la nature humaine* est divisé en trois « livres », dont les deux premiers ont été publiés en 1739, et le troisième en 1740.

- Livre 1. « De l'entendement. »

    Expose une théorie empiriste de l'esprit et de la connaissance. En ce qui concerne l'esprit, la théorie entend rendre compte de la façon dont la perception sensorielle produit les concepts et les jugements. En ce qui concerne la connaissance, la théorie établit une nette distinction entre deux domaines de connaissance. D'une part, il y a le domaine des relations conceptuelles et logiques entre les concepts, entre les propositions, et entre les nombres. Dans ce domaine, qui est en gros celui de la logique et des mathématiques, on peut atteindre à une connaissance certaine. D'autre part, il y a le domaine des relations entre les choses matérielles. Dans ce domaine, qui est en gros celui des sciences naturelles et de la psychologie, on ne peut atteindre qu'à une connaissance probable.

- Livre 2. « Des passions. »

    Expose une théorie empiriste des « passions » (au sens ancien du terme). La théorie entend rendre compte de la nature des passions, et de leur rôle dans la production de l'action.

- Livre 3. « De la moralité. »

    Expose une théorie (empiriste) de la moralité. La théorie entend rendre compte de la nature de la moralité, et donc de son lien avec l'esprit humain ainsi qu'avec la société.

Le *Traité de la nature humaine* contient ainsi un exposé assez complet de la philosophie de Hume. Ses œuvres ultérieures contiennent certains développements, certaines précisions : *Enquête sur l'entendement humain* (1748), *Enquête sur les principes de la morale* (1751), *Dissertation sur les passions* (1757).

1. Théorie psychologique : raison, passions et action

Selon une théorie psychologique qui remonte à Platon, la raison est susceptible d'avoir un effet direct sur la production de l'action. Bien sûr, les passions sont susceptibles d'exercer une influence sur nos motifs et notre volonté. Dans le cas où certaines passions poussent dans une direction opposée à celle indiquée par la raison, il y a conflit entre ces passions et la raison, conflit que la raison n'est pas toujours en mesure de remporter, du moins pas toute seule. Néanmoins, selon cette théorie, la raison est susceptible d'exercer une force sur l'action.

Hume avance une théorie rivale, selon laquelle seules les passions produisent l'action. La raison et les jugements qu'elle produit (les « jugements de la raison », selon l'expression de Hume) ne peuvent avoir aucun effet direct sur la production de l'action. Cela est dû au fait que l'activité de la raison et celle des passions sont des phénomènes physiques différents, ainsi que nous allons le voir.

Considérons maintenant que tous les animaux recherchent de prime abord le *plaisir* (au sens large) et cherchent à éviter la *douleur*. Tout agent, dit Hume, est attiré par les choses dont il anticipe qu'elles devraient lui apporter un quelconque plaisir, et repoussé par celles dont il anticipe qu'elles vont lui apporter une quelconque douleur.

Les origines de toutes les passions semblent se trouver dans l'expérience du plaisir et de la douleur, les deux passions fondamentales selon Hume. Les notions de plaisir et de douleur sont prises, bien sûr, dans un sens large. La notion de plaisir inclut le bien-être, l'agrément, le confort… Celle de douleur inclut le déplaisir, le désagrément, l'inconfort, etc.

Cela vaut pour tous les animaux, mais Hume se concentre sur l'être humain. Il ne s'intéresse aux animaux que dans la mesure où ils permettent de mieux comprendre les passions chez les humains.

Hume dit que les passions humaines dérivent toutes du plaisir et de la douleur, soit *directement*; soit *indirectement*, « quand il s'y mêle des idées ».

Parmi les passions qui découlent *directement du plaisir*, selon Hume, on compte les désirs, ainsi que des émotions telles que la joie, l'espoir, et le sentiment de sécurité.

Parmi celles qui découlent *directement de la douleur* on compte les aversions, ainsi que des émotions telles que la peur et la tristesse.

Parmi les passions qui découlent *indirectement du plaisir*, on compte des émotions telles que la fierté, l'ambition, la vanité, l'amour, la pitié, la générosité.

Parmi celles qui découlent *indirectement de la douleur*, on compte des émotions telles que l'humilité, le mépris, l'envie, la malice.

Hume en vient à conclure que les passions sont d'une nature différente de celle des « jugements de la raison ». Il s'agit dans les deux cas de phénomènes purement physiques, mais ils sont de deux genres différents.

Les passions sont comme des *impulsions mécaniques*, qui poussent les agents vers les objets vus comme désirables, et qui les repoussent vis-à-vis des objets vus comme indésirables. Les passions aboutissent à ce résultat en déterminant les motifs de l'agent, en fixant ses buts et en produisant son action. Bref, les passions ont un *pouvoir motivant* : elles ont le pouvoir de nous mettre, littéralement, en mouvement.

Les passions, cependant, sont dépourvues de contenu propositionnel : elles ne représentent rien. En conséquence, *elles ne se prêtent à aucune évaluation rationnelle. Notamment, elles sont incapables d'êtres vraies ou fausses.*

Les « jugements de la raison », eux, sont des *propositions* qui entendent représenter des faits. Ces représentations propositionnelles ne produisent aucune action mécanique, elles n'ont aucun effet direct sur le mouvement du corps.

En tant que représentations propositionnelles, les jugements de la raison se prêtent à une évaluation rationnelle, notamment en termes de vérité et fausseté. Les jugements évalués comme vrais sont retenus en tant que croyances, les jugements évalués comme faux sont rejetés. En revanche, les jugements sont incapables de fixer les buts d'un individu, et de produire son action. À l'égard de la motivation, les jugements de la raison sont *inertes*.

Cependant, les jugements rationnels jouent un rôle secondaire dans la production du comportement : ils identifient les moyens à prendre pour parvenir à un certain objectif. Ce dernier, cependant, est déterminé par les passions. Voilà pourquoi Hume dit que « la raison est l'esclave des passions. »

Les théories psychologiques qui portent sur les rapports entre raison, passions et action ont bien sûr d'importantes implications concernant l'éthique. Selon la tradition psychologique d'inspiration platonicienne, la morale requiert que ce soit la raison qui nous mène, qui détermine notre action. Cependant, du point de vue de Hume, cela est impossible. Nous allons voir que sa théorie éthique suit les implications de sa théorie des passions, et notamment des deux thèses suivantes :

a) seules les passions peuvent produire l'action;
b) les passions ne se prêtent à aucune évaluation rationnelle.

	Objet d'évaluation rationnelle (vrai/faux; rationnellement justifié/ rationnellement injustifié)	Motivation (production de l'action)
« Jugements de la raison »	Oui (les jugements de la raison ont une « qualité représentationnelle » qui fait d'eux des objets d'évaluation rationnelle.)	Non (les jugements de la raison sont inertes.)
Passions	Non (les passions sont dépourvues de toute « qualité représentationnelle ».)	Oui (les passions sont motivantes.)

2. Théorie éthique

La théorie éthique de Hume fait partie de sa « grande théorie » de la nature humaine. En cela, elle est d'abord et avant tout descriptive : la morale est pour lui un phénomène psychologique qu'il entend expliquer. On pourrait donc dire que pour Hume, l'éthique est une partie de la psychologie. Cette théorie s'articule en trois volets : une analyse du jugement moral évaluatif (section 2.1); une analyse de ce qu'il appelle le *sens moral*, qu'il considère comme une disposition émotionnelle commune à l'ensemble de l'espèce humaine (section 2.2); et une analyse des vertus et des vices dans leur relation avec la société, ce qui l'amène à distinguer les vertus et les vices « naturels » de ceux qu'il qualifie d'« artificiels » (section 2.3).

2.1 Analyse du jugement moral évaluatif

L'analyse de Hume est centrée sur les jugements moraux évaluatifs, que Hume appelle « distinctions morales ». Selon lui, c'est le caractère des personnes qui est l'objet premier de ces distinctions morales. Aussi la distinction morale fondamentale est celle entre le « vertueux » et le « vicieux ». Quant aux jugements prescriptifs, il les considère comme des expressions détournées des jugements évaluatifs.

La principale thèse de Hume est que les énoncés que nous appelons « jugements moraux » ne sont pas d'authentiques jugements de la raison, susceptibles d'être vrais ou faux, d'être rationnellement justifiés ou injustifiés.

En réalité, nos jugements moraux évaluatifs (les « distinctions morales » que nous faisons) ne sont que des expressions de nos passions.

Les évaluations morales à l'effet que quelque chose est « bien » ou « vertueux » expriment l'*approbation*, c'est-à-dire une forme de plaisir, de bien-être, d'agrément, de confort psychologique. Les évaluations morales à l'effet que quelque chose est « mal » ou « vicieux » expriment la *désapprobation*, c'est-à-dire une forme de déplaisir, de douleur, de désagrément, d'inconfort psychologique. Cette analyse est basée sur plusieurs arguments. Nous allons présenter ici l'un d'eux, constitué par un enchaînement de deux raisonnements, que l'on peut reconstruire sous forme de syllogismes.

Le premier de ces raisonnements utilise comme prémisse l'une des thèses fondamentales de la théorie humienne des passions, à savoir que seules les passions peuvent produire l'action. Sa conclusion est à l'effet que les jugements moraux évaluatifs (les « distinctions morales ») appartiennent à la catégorie des passions. Voici comment s'articule l'argument complet.

Premier raisonnement

Prémisse majeure : Tout ce qui peut nous motiver (fixer nos buts et produire notre action) appartient à la catégorie des passions (et non à celle des idées et jugements rationnels).

Prémisse mineure : Or, les « distinctions morales » que nous faisons peuvent nous motiver.

Conclusion : Donc, les distinctions morales appartiennent à la catégorie des passions (et non à celle des idées et jugements rationnels).

La conclusion du premier raisonnement est utilisée comme prémisse dans le deuxième, où elle se voit combinée à cette autre thèse fondamentale de sa théorie des passions, selon laquelle les passions ne se prêtent à aucune évaluation rationnelle.

Deuxième raisonnement

Prémisse majeure : Les passions, de par leur nature, ne se prêtent à aucune évaluation rationnelle. En particulier, elles sont incapables d'être vraies ou fausses.

Prémisse mineure : (Conclusion du premier argument). Or, les distinctions morales appartiennent à la catégorie des passions.

Conclusion : Donc, les distinctions morales sont incapables d'être évaluées rationnellement, et en particulier d'être vraies ou fausses.

Ces deux raisonnements, auxquels Hume relie quelques thèses, constituent le noyau de son analyse des jugements moraux. Examinons-les plus en détail.

Les jugements moraux évaluatifs sont de l'ordre des passions

Le premier raisonnement ci-haut établit que les jugements moraux évaluatifs sont de l'ordre des passions.

Hume précise que les jugements moraux ne sont rien que des *expressions de sentiments moraux* (ou *passions morales*.) Il ajoute que la famille des sentiments moraux (honte, fierté, culpabilité, indignation, etc.) peut être analysée en deux sentiments élémentaires : le sentiment de l'*approbation* et le sentiment de la *désapprobation*. Ainsi, tous les sentiments moraux sont soit des variétés d'approbation, soit des variétés de désapprobation. Or, le sentiment de l'*approbation* est une forme de plaisir psychologique et le sentiment de la *désapprobation* est une forme de douleur psychologique (les notions de plaisir et de douleur devant être entendues au sens large).

Hume anticipe l'objection suivante : si les sentiments moraux sont, à la base, des formes de plaisir ou de douleur, comment se fait-il que nous ne considérions pas comme moral (que nous ne décrivions pas comme moralement « bien » ou « mal ») tout ce qui nous procure du plaisir ou de la douleur?

Premièrement, Hume observe que nous n'éprouvons pas de sentiments moraux en réponse à tout ce qui procure du plaisir ou de la douleur, mais uniquement en réponse à ce qui est humain. Selon lui, les distinctions morales (les sentiments moraux d'approbation et de désapprobation) ont pour premier objet (sont suscitées d'abord et avant tout par) le *caractère* des personnes, lequel se reflète dans les *motifs* de leur action. C'est en fonction des motifs, et donc du caractère des personnes, que nous jugeons de leurs attitudes et de leurs conduites. Autrement dit, nous réagissons aux attitudes et aux conduites en tant qu'elles révèlent le caractère d'une personne.

Hume écrit parfois comme si c'étaient les motifs de l'action qui constituaient l'objet premier de l'évaluation morale, mais en fait l'importance qu'il leur attribue découle de celle du caractère :

> « Il est évident que, quand nous louons des actions, nous regardons seulement les motifs qui les produisent et nous considérons les actions comme des signes ou des indices de certains principes de l'esprit et du tempérament. L'accomplissement extérieur de l'acte n'a aucun mérite. Nous devons regarder à l'intérieur pour trouver la qualité morale. Cela, nous ne pouvons pas le faire directement et nous fixons donc notre attention sur les actions comme sur des signes extérieurs. » (Livre 3, Deuxième Partie, Section 1)

Deuxièmement, deux propriétés, étroitement liées entre elles, distinguent les sentiments moraux des autres formes de plaisir et de douleur : le *désintéressement* et la *généralité* (ou *généralisabilité*).

Les sentiments moraux (et les jugements qui les expriment) sont désintéressés et généralisables au sens où ils ne sont déterminés ni par les intérêts du sujet, ni par sa relation personnelle à l'objet. Plutôt, ils manifestent le *sens moral* de l'être humain (voir section 2.2).

Les jugements moraux ne peuvent être évalués rationnellement

Le deuxième raisonnement établit que, puisqu'ils sont des expressions des passions les « jugements » moraux sont *in*capables d'être vrais ou faux, et plus généralement d'être évalués par la raison. C'est que le contenu propositionnel des jugements moraux a ceci de particulier qu'il est dépourvu, comme le dit Hume, de toute « qualité représentative ».

Pour le dire en des termes différents de ceux de Hume, les jugements moraux, seraient, logiquement parlant, de la même nature que ce qu'on appelle en grammaire les *mots-phrases*, ou les *locutions-phrases*. Même si Hume n'utilise pas ces notions grammaticales, elles méritent d'être élucidées.

Mots-phrases et locutions-phrases

> « *Le mot-phrase est un mot invariable qui sert habituellement à lui seul de phrase. [...] On parlera de locution-phrase à propos d'une suite de mots qui constitue une phrase, sans que le locuteur puisse attribuer une fonction à chacun de ces mots pris séparément : Au revoir. À la bonne heure! Tant mieux. À quoi bon?* » *(Le Bon Usage, 13ᵉ éd, §1048.)*

Tout en admettant que ces distinctions ne sont pas toujours très nettes, *Le Bon usage* (13ᵉ éd.) distingue à §1050 trois espèces (ou types) de mots-phrases ou de locutions-phrases : le type « objectif » (par exemple, *Oui! Bravo! Hourra! Non! Jamais de la vie!*); le type « subjectif » (par exemple, *Ah! Pouah!*); et le type « suggestif », souvent des onomatopées (par exemple, *Bang! Paf! Pfffft!*)

On pourrait dire que les jugements moraux, selon Hume, seraient l'équivalent de mots-phrases ou de locutions-phrases de type « objectif » ou « subjectif », exprimant soit l'approbation, soit la désapprobation. Bref, un « jugement » d'approbation morale est l'équivalent de crier « hourra! », alors qu'un « jugement » de désapprobation morale est l'équivalent de crier « chooou! »

Les faits et leur évaluation morale

Hume anticipe l'objection suivante : n'y a-t-il pas des cas de jugements moraux vrais et faux? Prenons par exemple le jugement moral suivant : « cet homme est coupable d'un crime crapuleux ». Il se peut que nous tenions d'abord ce jugement moral pour vrai, et que nous nous rendions ensuite compte qu'il est faux (ou l'inverse).

Hume fait remarquer que de tels jugements doivent être analysés en deux jugements élémentaires : un jugement de fait (« Cet homme a commis l'acte X ») et un jugement moral (« L'acte X est un acte criminel crapuleux, autrement dit un acte profondément choquant qui doit être condamné et puni »). C'est le jugement de fait, dit Hume, qui est vrai ou faux. Le jugement moral, lui, est *in*capable d'être vrai ou faux, ou même d'être simplement « rationnellement justifié » ou « rationnellement injustifié ».

Les jugements prescriptifs et le devoir

Les jugements moraux, selon Hume, sont d'abord et avant tout des distinctions morales, c'est-à-dire des jugements évaluatifs. Il fait remarquer que dans plusieurs systèmes philosophiques de son époque, les jugements prescriptifs sont introduits comme s'ils découlaient logiquement de jugements descriptifs. Or, il est logiquement impossible de déduire un jugement prescriptif d'un argument constitué de jugements descriptifs :

> « *Je ne peux pas m'empêcher d'ajouter à ces raisonnements une remarque qui, peut-être, sera trouvée de quelque importance. Dans tous les systèmes de morale que j'ai rencontrés jusqu'alors, j'ai toujours remarqué que les auteurs, pendant un certain temps, procèdent selon la façon habituelle de raisonner et établissent l'existence de Dieu ou font des observations sur les affaires humaines; puis, soudain, je suis surpris de voir qu'au lieu des habituelles copules est et n'est pas, je ne rencontre que des propositions reliées par un doit ou un ne doit pas.*
>
> *Ce changement est imperceptible mais néanmoins de la première importance. En effet, comme ce doit ou ne doit pas exprime une nouvelle relation ou affirmation, il est nécessaire qu'on la remarque et qu'on l'explique. En même temps, il faut bien expliquer comment cette nouvelle relation peut être déduite des autres qui en sont entièrement différentes, car cela semble totalement inconcevable.*
>
> *Mais, comme les auteurs n'usent pas habituellement de cette précaution, je me permettrai de la recommander aux lecteurs et je suis persuadé que cette petite attention renversera tous les systèmes courants de morale et nous fera voir que la distinction du vice et de la vertu ne se fonde pas simplement sur les relations des objets et qu'elle n'est pas perçue par la raison.* » (Hume, Traité de la nature humaine, Livre 3, Partie 1, Section 1)

Pour Hume, compte tenu de ce que seules les passions peuvent nous motiver, il est illusoire de penser qu'un jugement prescriptif puisse nous faire agir, qu'un jugement prescriptif puisse nous être imposé comme un devoir, à moins qu'il ne soit qu'une expression détournée des passions :

> *« Aucune action ne peut être exigée de nous comme notre devoir s'il n'existe pas, implantés dans la nature humaine, une passion ou un motif agissants capables de produire l'action. Ce motif ne peut pas être le sens du devoir. » (Livre 3, Deuxième Partie, Section 5)*

2.2 Le « sens moral » : sympathie et bienveillance

L'analyse qui précède établit donc que les distinctions morales ne sont pas produites par notre raison. Elles viennent plutôt, selon Hume, d'une disposition fondamentale de l'être humain, qu'il appelle notre « sens moral ».

L'idée que la nature humaine comprend un sens moral naturel a été avancée d'abord par deux philosophes britanniques : Anthony Ashley Cooper, comte de Shaftesbury (1671-1713) et Francis Hutcheson (1694-1746.) Selon eux, l'observation permet d'établir que l'être humain possède un sens de la beauté et, de façon analogue, un sens moral.

Ce sont là deux capacités apparentées, exclusives aux humains. Aussi Shaftesbury et Hutcheson s'opposent-ils à la théorie égoïste de la motivation : notre sens moral peut bel et bien nous inspirer des motifs désintéressés.

Hume reprend cette idée de sens moral, qu'il intègre dans un cadre doctrinal empiriste et qu'il supporte par de multiples observations. Le sens moral consiste en l'ensemble de nos dispositions à éprouver ces espèces particulières de plaisirs et de douleurs que sont les sentiments moraux, et ce non seulement quand nous sommes les premiers concernés par la conduite d'un autre, mais aussi quand cette conduite concerne d'autres que nous. Cela indique, selon Hume, que notre sens moral consiste essentiellement en une « capacité générale » à partager dans une certaine mesure la souffrance des autres. Une telle « capacité », ou disposition, fait contrepoids aux motivations égoïstes.

Dans son *Traité de la nature humaine* (1740), Hume appelle *sympathie* cette capacité générale. Il reconnaît cependant que l'intensité de la sympathie décroît au fur et à mesure que s'accroît la distance émotionnelle entre le sujet et l'objet.

Par ailleurs, Hume ne nie aucunement que l'être humain possède un côté asocial : des motivations égoïstes, des instincts agressifs, etc. L'idée de Hume est plutôt que le côté social est naturellement fort, puisqu'animé par une puissante disposition à la sympathie. On fera à Hume cette objection : à supposer que la conscience de la souffrance des autres (conscience procurée par l'observation directe ou par des témoignages) suscite en nous un inconfort, notre première réaction n'est-elle pas d'éviter le spectacle ou le témoignage de cette souffrance? Et si c'est le cas, en quoi une telle disposition constituerait-elle un « sens moral »?

En réponse à cette objection, Hume précise, dans son *Enquête sur les principes de la morale* (1751), que la première réaction humaine face à la souffrance des autres n'est pas de la fuir mais de chercher à la soulager et à la prévenir, tant que cela ne nous expose pas trop. Aussi se met-il à utiliser le terme de « bienveillance », plutôt que de « sympathie », pour désigner cette disposition. Par ailleurs, il ne faut pas perdre de vue que cette sensibilité s'amenuise au fur et à mesure que s'accroît la distance émotionnelle entre le sujet et l'objet.

2.3 Vertus et vices naturels et artificiels

La disposition fondamentale à la bienveillance dont l'être humain est généralement doté ne fait pas disparaître son côté asocial, et n'exclut donc pas l'existence des vices. Ainsi, chaque individu réalise sa propre somme de bienveillance et de dispositions asociales, de vertus et de vices. Par ailleurs, pour toute société, ses membres doivent respecter certaines règles sociales, afin que se maintienne l'ordre social.

Dans cette optique, Hume fait une distinction entre les vertus et vices *naturels*, et les vertus et vices *artificiels* (ce dernier mot utilisé non pas au sens d'« étranger à la nature humaine », mais plutôt au sens d'« impliquant certaines règles sociales »). Cette théorie est en quelque sorte l'alternative de Hume à la théorie du contrat social. En effet, il rejette l'idée que des jugements moraux prescriptifs puissent être rationnels, et rejette du coup la notion de « loi de nature ». Néanmoins, il fait une distinction entre des vertus et vices qui existent indépendamment de toute règle sociale; et des vertus et des vices qui mettent en cause des règles sociales.

Les vertus et vices *naturels* sont des traits de caractère qui ne mettent en cause aucune règle sociale.

Chez l'individu en tant qu'*agent*, ces traits de caractère se traduisent en *motifs* d'action. Chez l'individu en tant qu'*observateur*, ils se manifestent dans ses *réactions d'approbation ou de désapprobation* face à la conduite et aux motifs des autres.

À noter que le standard auquel nous nous rapportons pour distinguer ce qui est bien (vertueux) de ce qui est mal (vicieux) n'est rien d'autre qu'une disposition naturelle largement partagée au sein de l'espèce humaine.

Les vertus et vices *artificiels* sont des traits de caractère qui mettent en cause des règles sociales. Plus précisément, il s'agit de dispositions à réagir à l'infraction de certaines règles sociales.

Des vertus et vices artificiels, ce sont sans doute la *justice* et l'*injustice* qui sont les plus importants.

Parmi les règles sociales indispensables au maintien de l'ordre social, Hume place dans une catégorie à part celles auxquelles nous nous rapportons pour distinguer ce qui est juste et ce qui est injuste. Il les appelle *règles de justice*, et en distingue trois : deux ont trait à la propriété, une a trait aux promesses.

Hume précise que les règles qui ont trait à la propriété ont émergé en réponse à un problème, dû au fait que les biens matériels sont « instables », et les ressources limitées. Autrement dit, les biens matériels peuvent être *volés* (contrairement à des avantages physiques, comme la santé), et leur remplacement peut être difficile.

Selon Hume, l'*origine* de ces « règles de justice » n'est pas à strictement parler « morale ». Il s'agit plutôt d'une nécessité pratique : la nécessité de protéger certains intérêts fondamentaux partagés par tous les humains, compte tenu « des circonstances et des besoins des humains ». Les règles de justice ont émergé parce qu'elles permettaient de protéger chacun (et sa propriété) contre l'égoïsme des autres, et ainsi de maintenir la cohésion et la force du groupe. Les règles de justice proviennent donc de l'intérêt de chaque individu, compte tenu de ce que chacun fait nécessairement partie d'une collectivité.

D'où vient donc le caractère proprement *moral* de ces règles ? D'abord, dit Hume, la disposition générale à la sympathie (et à la bienveillance) dans laquelle sont ancrés les sentiments moraux fondamentaux d'approbation et de désapprobation, et dont dérivent tous les autres sentiments moraux, n'est pas qu'une disposition à sympathiser avec des individus : c'est aussi une disposition à *sympathiser avec l'intérêt public*. Or, le respect ou l'infraction de certaines règles sociales (ayant trait aux promesses et à la propriété) stimule notre disposition à sympathiser avec l'ordre public : le respect de ces règles suscite des sentiments moraux d'approbation, et leur infraction suscite des sentiments moraux de désapprobation. C'est ainsi que ces règles sociales acquièrent le caractère moral qui leur est propre.

Celui qui enfreint ces règles fera l'objet de sentiments de désapprobation (blâme, condamnation, mépris...), qui, dans ce contexte, font naître l'idée d'*injustice*, mais aussi celles de *droit*, de *propriété*, d'*obligation*...

On dira donc de la conduite de celui qui enfreint les règles qu'elle est « injuste ». La désapprobation suscitée par les conduites injustes suggère l'adoption de mesures punitives : on considère que la personne qui s'est conduite de façon injuste (qui a enfreint une règle de justice) doit être punie, et qu'elle *mérite* de l'être. À l'inverse, le fait de respecter les règles suscite des sentiments d'approbation : respect, estime, et même admiration (quand on a respecté les règles dans des circonstances qui pourraient inciter à les enfreindre). On dira des personnes qui respectent ces règles qu'elles sont « justes ». La conduite des personnes justes servira d'exemple : tous doivent l'imiter. Ainsi assure-t-on la protection et la promotion des règles de justice.

3. Conclusion

La théorie éthique de Hume décrit et explique la moralité comme un phénomène psychologique faisant partie de la nature humaine. Plus précisément, il s'agit d'un phénomène qui est de l'ordre des passions. Aussi la moralité n'a-t-elle pas d'autres standards que ceux d'une certaine normalité humaine, en fait d'émotions.

La plus grande part de la théorie éthique porte sur la *réaction morale* du sujet humain, laquelle se manifeste par des sentiments et par l'expression de ceux-ci. Pour ce qui est de la *motivation morale* et de l'*action morale*, ce que Hume en dit tient en deux points principaux.

Le premier est associé à son analyse des jugements moraux : c'est que les « distinctions morales » que nous faisons (en fait, nos réactions morales) sont suffisantes pour nous faire agir, ce qui prouve (selon Hume) que ces distinctions sont de l'ordre des passions.

Le second est associé à son analyse du sens moral : dans la mesure où celui-ci consiste, à la base, en une disposition à la bienveillance, la plupart des humains, lorsque la souffrance des autres capte leur attention, sont naturellement disposés à se conduire de façon à alléger cette souffrance.

Selon Hume, les distinctions morales qui constituent notre vie morale consistent en un phénomène purement psychologique, de l'ordre des passions.

Ce phénomène fait partie de la nature humaine, en interaction avec les nécessités pratiques de la vie en société. Les standards auxquels elle se rapporte ne sont pas les standards de la raison, mais plutôt ceux d'une normalité humaine idéalisée, au sens où nos réactions morales ordinaires ne sont pas mauvaises, mais demeurent perfectibles au regard d'un idéal humain.

La théorie de Hume n'implique aucunement que la moralité est une illusion ou une absurdité, et que nous devrions y être indifférents. Ce qui est illusoire, selon lui, c'est de croire que nos jugements moraux sont d'authentiques jugements, véhiculant un contenu propositionnel, et qu'en conséquence ils sont capables d'être vrais ou faux, justifiés ou injustifiés selon des principes rationnels.

Il serait tout aussi illusoire de croire que des jugements prescriptifs puissent nous contraindre indépendamment des passions.

Bibliographie

Hume, David. *Traité de la nature humaine*. Traduction de Philippe Folliot, 2006-2007. Collection « Les classiques des sciences sociales ». http://classiques.uqac.ca/

5 | Emmanuel Kant

[Les citations de Kant dans ce chapitre sont tirées des *Fondements de la métaphysique des mœurs*. Traduction par Victor Delbos. Éditions CEC, 2011.]

Emmanuel Kant (1724-1804) est né à Königsberg, en Prusse-Orientale, où il a passé toute sa vie.

À partir des années 1750, Kant publie une multitude d'articles touchant à plusieurs domaines de la philosophie. À cette époque, le débat qui oppose le rationalisme à l'empirisme est incontournable. Au cours de ses premières années philosophiques, Kant est plus proche du rationalisme que de l'empirisme, mais il lui apparaît bientôt qu'aucune des deux doctrines n'est pleinement satisfaisante.

La lecture de Hume aura un impact déterminant sur Kant. Il est probable qu'il ait lu certaines des œuvres de Hume (notamment son *Enquête sur l'entendement humain*) dès les années 1750. Cependant, ce n'est que dans les années 1770 que Kant prend conscience de la profondeur de son désaccord avec Hume.

C'est en réaction contre la philosophie de Hume que Kant, de 1781 jusqu'à sa mort en 1804, va construire une œuvre constituant un système complet et nouveau. Les « trois Critiques » constituent les pierres d'assise de ce système (pour cette raison la doctrine kantienne est parfois appelée « philosophie critique ») : la *Critique de la raison pure* (1781), la *Critique de la raison pratique* (1788) et la *Critique de la faculté de juger* (1790). Le mot « critique » est une traduction de l'allemand *kritik*. Au sens ancien dans lequel Kant l'utilise, il signifie « investigation », ou « recherche ».

Alors que Hume entendait introduire la « méthode expérimentale » dans l'étude de l'être humain, et donc de la morale (qu'il voit comme un phénomène psychologique), la philosophie de Kant est basée sur ce qu'il appelle l'approche *transcendantale*, laquelle consiste en une recherche de connaissances *a priori synthétiques*, c'est-à-dire des connaissances qui seraient d'une vérité certaine et dont le contenu, contrairement à celui des jugements analytiques, serait véritablement informatif.

Kant appelle « métaphysique » un ensemble de connaissances a priori synthétiques portant sur un certain domaine. On trouve deux métaphysiques, ainsi définies, dans sa philosophie : la *métaphysique de la nature* et la *métaphysique des mœurs*.

Les connaissances a priori synthétiques ont pour objet des lois nécessaires et universelles.

Dire d'une loi qu'elle est *nécessaire*, au sens le plus strict et le plus profond du terme (au sens « logique » du terme), signifie qu'elle ne pourrait être autrement. C'est en vertu de leur nécessité que ces lois peuvent être découvertes par la raison seule, indépendamment de l'expérience empirique.

En effet, ce qui est nécessaire au sens logique est inobservable, et ne se découvre que par la raison ; alors que ce qui est *contingent* (le contraire de « nécessaire ») ne peut être découvert sans le concours de l'expérience empirique.

Dire d'une loi qu'elle est *universelle* signifie qu'elle régit la totalité d'un domaine, sans exception. Une loi nécessaire est donc par le fait même universelle.

La « métaphysique de la nature » de Kant consiste en l'ensemble des connaissances a priori synthétiques portant sur le monde *phénoménal*, c'est-à-dire le monde *en tant qu'il est connaissable par des êtres rationnels*. Quant au monde tel qu'il est en lui-même – le monde *nouménal* – on ne peut prétendre le connaître.

Kant établit, sur une base transcendantale, qu'un monde connaissable est *nécessairement* dans l'espace et dans le temps, et régi par un principe de causalité. Ce sont là des lois, nécessaires et donc universelles, du monde phénoménal. Un monde connaissable ne peut être chaotique.

La « métaphysique des mœurs », elle, consiste en un ensemble de connaissances a priori synthétiques portant sur la conduite et les attitudes d'un agent en tant qu'il est *rationnel, libre, moral et digne*. *Nécessairement*, la conduite et les attitudes d'un agent rationnel se conforment aux lois nécessaires et universelles de la *raison pratique*, c'est-à-dire la raison en tant qu'elle s'applique à l'action. À cette condition, cet agent est libre : ses conduites et attitudes échappent à la détermination du monde physique.

Les lois de la raison pratique, selon Kant, se résument en fait à une seule. Il l'appelle « loi morale », puisque la conformité à cette loi, nécessaire et universelle comme toutes les lois de la raison, rend possible, en même temps que la liberté, la moralité et la dignité.

La loi morale est une norme fondamentale, un jugement prescriptif : elle prescrit des interdictions et des obligations – des *devoirs* –, et définit des droits. Kant présente sa théorie morale comme une *métaphysique des mœurs* pour la raison que la loi morale est selon lui, un jugement synthétique a priori.

On peut faire un parallèle avec les lois de la raison théorique, à savoir les lois, nécessaires et universelles, de la logique. Celles-ci ne dictent pas précisément quoi penser, mais elles *contraignent et balisent* la pensée et le discours en tant que ceux-ci sont rationnels, et donc cohérents et signifiants. C'est en conformant sa pensée et son discours aux lois nécessaires et universelles de la logique qu'un être rationnel peut articuler une pensée et un discours signifiants, peu importe leur objet.

De la même façon, les lois universelles et nécessaires de la raison pratique ne dictent pas à l'agent une conduite précise, mais elles *contraignent et balisent* l'action en tant que celle-ci est rationnelle, et donc libre, morale et digne. C'est en conformant sa conduite à la loi morale, qu'un être rationnel échappe à la détermination des lois de la nature, et ainsi conquiert sa liberté, son statut d'être moral, et sa dignité.

Les fondements de la métaphysique des mœurs comportent deux composantes. L'une est un modèle abstrait de l'agent rationnel, libre, moral et digne, lequel se définit comme un agent dont la conduite est conforme à la raison pratique. Ce modèle possède une dimension *prescriptive* et une dimension *évaluative*.

L'éthique de Kant est d'abord et avant tout prescriptive, puisqu'elle est basée sur l'idée qu'il existe une loi morale, et que la moralité consiste d'abord et avant tout à se conformer aux interdits et aux devoirs qu'elle prescrit. Pour cette raison, la théorie morale de Kant est traditionnellement qualifiée de *déontologique*, c'est-à-dire qu'elle est basée sur l'idée de devoir. La conformité ou la non-conformité d'une conduite à la loi morale détermine ce que nous pourrions appeler son « statut normatif », c'est-à-dire la question de savoir si la conduite est interdite, obligatoire ou simplement permise.

Cependant, la *valeur morale* d'une conduite n'est pas automatiquement déterminée par son statut normatif. La question de savoir si une conduite est neutre (valeur morale « zéro »), blâmable ou *digne d'estime* demande que l'on prenne en compte les modalités de cette conformité, plus précisément les raisons d'agir de l'agent, c'est-à-dire la nature de sa *volonté* et de ses *motifs*.

L'autre composante des fondements de la métaphysique de mœurs correspond à un ensemble d'arguments à l'effet que ce modèle abstrait s'applique bel et bien aux humains. Selon Kant, nous possédons effectivement la capacité de nous conduire conformément à la raison pratique, pour les raisons appropriées, qui donnent à notre conduite sa valeur morale.

Kant ne nie aucunement que l'être humain soit un être de passions autant qu'un être de raison. Cependant, c'est la raison qui le rend libre, qui lui confère un statut d'être moral, qui fonde sa dignité humaine et ses droits, qui donne un sens à sa vie.

Kant expose les éléments de sa théorie morale dans les *Fondements de la métaphysique des mœurs* (ou *Fondements de la métaphysique de la morale*), publiés en 1785. La théorie se voit quelque peu élaborée, et exposée de façon différente, dans la *Critique de la raison pratique* (1788).

Dans la *Métaphysique des mœurs* (ou *Métaphysique de la morale*) (publié en deux volumes, 1796-1797), Kant énonce l'ensemble des principes et des règles qui découlent de la loi morale. Des considérations supplémentaires sont formulées dans d'autres œuvres, dont *La religion dans les limites de la seule raison* (1793).

Dans ce qui suit, nous nous bornons pour l'essentiel à exposer le modèle de l'agent rationnel, libre, moral et digne, en nous basant sur les *Fondements de la métaphysique des mœurs*, ouvrage de moins d'une centaine de pages, divisé en trois sections.

1. Dimension prescriptive : la conformité à la loi morale

La plus grande part du modèle abstrait de l'agent rationnel, libre, moral et digne est exposée dans la Section II des *Fondements de la métaphysique des mœurs*. La compréhension du modèle demande que nous élucidions d'abord la notion kantienne de *maxime*.

Tout agent est un être dont l'action est dirigée vers des buts, et qui ce faisant suit certaines *règles de comportement*. Les animaux sont des agents, mais ils sont incapables de se représenter pour eux-mêmes les règles que leurs instincts, inconsciemment, leur font suivre.

Un être rationnel, par contre, peut se représenter pour lui-même les règles suivant lesquelles il agit. Précisément, il peut utiliser le langage, et articuler des propositions en un discours raisonné. Il peut ainsi prendre conscience des maximes suivant lesquelles il agit, et donc *choisir* celles qu'il adopte et celles qu'il rejette. Kant appelle *maximes* les règles de conduite adoptées par un être rationnel. La maxime énonce (décrit brièvement) le but adopté par l'agent, et le comportement qu'il se propose d'adopter pour atteindre le but en question. La forme générique d'une maxime serait donc : « Pour atteindre le but B, je vais accomplir l'action A (adopter le conduite A). » Bref, une maxime est une règle d'action adoptée par un être doué de raison. (Aussi les règles de comportement suivies par les animaux ne sont-elles *pas* des maximes.) Dans la vie quotidienne, nous nous arrêtons rarement pour réfléchir aux règles que nous suivons. La plupart du temps, nous sommes à peine conscients que ces règles existent. Pourtant, nous suivons bel et bien des règles qui nous indiquent des moyens jugés efficaces, compte tenu des circonstances, pour atteindre les buts que nous poursuivons. Ces règles, même sans y penser, nous les *choisissons* : nous avons la capacité de prendre conscience de leur existence et de leur contenu ; donc la capacité de les formuler, de les adopter ou de les rejeter – bref, de les choisir.

Dans cette même Section II des *Fondements*, Kant entend démontrer que l'agent rationnel est, nécessairement, un agent qui conforme sa conduite, plus précisément les *maximes* qu'il adopte, à la loi universelle et nécessaire de la raison pratique, la *loi morale*. Celle-ci prend la forme d'un impératif, c'est-à-dire un jugement prescriptif. Son caractère moral en fait un *impératif catégorique*, distinct des impératifs qui ne sont pas moraux, à savoir les *impératifs hypothétiques*.

1.1 « Impératif catégorique » et « impératifs hypothétiques »

Il faut insister sur le fait que « rationnel et libre » ne signifie pas « dépourvu de passions ». Un être rationnel et libre se conduit de façon rationnelle et libre, même s'il est par ailleurs dévoré de passions. Sa conduite est conforme à la loi morale (guidée et contrainte par elle), malgré que ses passions puissent le tirer dans une direction opposée à la raison. Kant fait remarquer que pour un tel être, la loi morale doit prendre la forme d'un commandement, un ordre, une injonction, ce que Kant appelle un *impératif*.

Pour un être doué d'une volonté parfaitement rationnelle, qui ne serait aucunement exposée aux passions et qui serait d'elle-même en accord avec la loi morale, celle-ci n'aurait pas à être exprimée sous forme d'impératif.

> « *Voilà pourquoi il n'y a pas d'impératif valable pour la volonté divine et en général pour une volonté sainte; le verbe devoir est un terme qui n'est pas ici à sa place, parce que déjà de lui-même le vouloir est déjà nécessairement en accord avec la loi.* » *(Ak 4: 414.)*

En revanche, pour l'être doué de raison mais dont la volonté n'est pas parfaitement rationnelle, et qui peut éprouver des passions susceptibles de le détourner de la loi morale, les passions doivent être surmontées et la loi morale doit s'imposer comme un impératif. Plus précisément, il s'agit d'un impératif *catégorique*, c'est-à-dire qu'il est valide nécessairement et universellement, indépendamment des circonstances de l'existence de l'agent et des fins qu'il poursuit – autrement dit, inconditionnellement. Voilà qui le distingue l'impératif catégorique des impératifs *hypothétiques*, ou *conditionnels*.

Les impératifs *hypothétiques*, ou *conditionnels*, ne s'appliquent que dans l'*hypothèse* où l'agent éprouve certains désirs, poursuit certaines fins, se trouve dans certaines circonstances. En d'autres termes, ils ne s'appliquent que *conditionnellement* à certains désirs, fins et circonstances.

Kant distingue au moins deux types d'impératifs hypothétiques : les impératifs *techniques* et les impératifs *de la prudence*.

L'impératif catégorique, lui, exprime la loi morale, universelle et nécessaire. Aussi l'impératif catégorique s'applique-t-il *inconditionnellement* à tout être rationnel. Indépendamment de ses passions, de ses buts et des circonstances de son existence, l'agent rationnel obéit à l'impératif catégorique. Il en respecte les obligations et les interdits.

En d'autres termes, il agit conformément à la loi morale et donc au *devoir*. Ce devoir ne correspond pas nécessairement à un acte précis qu'il faut accomplir. Il peut correspondre à des attitudes très générales : par exemple, dire la vérité, être honnête, respecter les droits d'autrui...

1.2 Le système des trois formules et le test des maximes

Après avoir établi que la loi morale doit prendre la forme d'un impératif catégorique, Kant va donner trois « formules » distinctes de la loi morale, chacune mettant l'accent sur l'une de ses facettes. Chacune des trois formules est à son tour énoncée avec des variantes, lesquelles apportent certaines nuances.

Ces trois formules de la loi morale servent de standard pour *tester* le statut moral des maximes. Toute maxime qui passe le test est conforme à la loi morale, et donc moralement acceptable. Toute maxime qui échoue le test des formules de la loi morale n'est pas conforme à celle-ci, et est donc moralement *in*acceptable, interdite pour tout agent rationnel.

Selon Kant, pour tout test de maxime, les trois formules donnent le même résultat.

Les obligations – les *devoirs* – qui s'imposent à l'agent rationnel se déduisent des maximes interdites. En effet, un devoir n'est rien d'autre que la négation d'une maxime interdite, c'est-à-dire d'une maxime qui a échoué le test. Supposons qu'une maxime X échoue le test de la loi morale. Sa négation détermine un devoir : « il ne faut pas faire X, mais bien le contraire de X ».

Il y a deux façons pour une maxime d'échouer le test des formules : l'une est plus radicale, l'autre l'est moins. Ces deux façons d'échouer le test des formules déterminent, par leur négation, deux types de devoirs : les devoirs *stricts* et les devoirs *larges*.

Un devoir strict est un devoir dont la réalisation n'admet pas de degrés, et qui n'admet aucune exception. La négation d'une maxime qui a échoué le test d'une façon radicale est un devoir strict.

Un devoir large est un devoir dont la réalisation est affaire de degrés, selon le jugement de l'agent, qui va tenir compte des circonstances de son existence. De plus, c'est un devoir auquel il peut y avoir des exceptions, c'est-à-dire des circonstances qui constituent de bonnes raisons pour ne pas l'accomplir. L'accomplissement du devoir est alors remis au moment où les circonstances s'y prêteront. La négation d'une maxime qui a échoué le test d'une façon *non* radicale est un devoir large.

1.3 La formule « de la loi universelle »

Avoir établi que la loi morale sera un impératif catégorique représente déjà une spécification de la *forme* de la loi morale. La première formule de la loi morale achève de spécifier cette forme. Kant fait la déduction suivante : puisque toute loi de la raison est nécessaire et *universelle*, alors toute maxime qui lui est conforme sera nécessairement compatible avec cette universalité. Cela implique, selon lui, qu'une maxime conforme à la loi morale est « universalisable » : il doit être possible de faire de la maxime une loi universelle cohérente avec elle-même. Autrement dit, l'universalisation de la maxime ne doit entraîner aucune contradiction.

> « *Agis uniquement d'après la maxime qui fait que tu peux vouloir en même temps qu'elle devienne une loi universelle.* » (Ak 4:421)

Kant fournit quelques lignes plus loin une autre formulation. « [...] l'impératif universel du devoir pourrait encore être énoncé en ces termes : *Agis comme si la maxime de ton action devait être érigée par ta volonté en* LOI UNIVERSELLE DE LA NATURE. » (Ak 4 : 421)

Une maxime échoue « radicalement » le test de la formule de la loi universelle lorsque l'universalisation de la maxime entraîne une sorte de contradiction à caractère logique ou conceptuel, qui abolit la possibilité même de l'action. Alors, *la négation d'une telle maxime* équivaut à un devoir *strict*.

Une maxime échoue de façon « non radicale » le test de la formule de la loi universelle lorsque l'universalisation de la maxime implique ce que Kant appelle une « contradiction dans la volonté » : l'universalisation de la maxime révèle alors que l'agent veut et ne veut pas une même chose, il veut en même temps une chose et son contraire. Alors, *la négation d'une telle maxime* équivaut à un devoir *large*.

1.4 La formule « de l'humanité comme fin en soi »

Pour Kant, l'agent rationnel, libre, moral et digne constitue le souverain bien (nous allons bientôt voir que la notion de *bonne volonté* chapeaute en quelque sorte la notion d'agent rationnel et résume celle de souverain bien.) Voilà pourquoi un être rationnel doit traiter la nature même de l'être rationnel comme une fin en soi, c'est-à-dire comme une finalité ultime, qui ne sert aucun but plus élevé, mais qui constitue elle-même la finalité des objectifs instrumentaux.

Donc, l'être rationnel est une fin en soi pour l'être rationnel : il est la seule finalité ultime qu'il soit rationnel de mettre à l'horizon de son action. Selon Kant, on peut dire que cela correspond à *l'humanité qui est en chacun de nous*, la *dignité de l'être humain* en tant qu'être rationnel. (Kant anticipe quelque peu la Section III des Fondements, dans laquelle il conclura que le modèle abstrait de l'être rationnel, libre, moral et digne s'applique à l'être humain.)

La loi morale commande donc à tout agent rationnel de traiter cette humanité, cette volonté rationnelle, cette dignité, qui est en lui comme en tout être raisonnable, comme une fin en soi. La finalité ultime de nos actions doit donc contribuer à la protection, la promotion, l'épanouissement de l'*humanité* (sa raison, sa liberté, sa dignité), le respect de la volonté rationnelle d'autrui, et la lutte contre tout ce qui menace l'humanité et la volonté rationnelle d'autrui.

> « *Agis de telle sorte que tu traites l'humanité aussi bien dans ta personne que dans la personne de tout autre toujours en même temps comme une fin, et jamais simplement comme un moyen.* » (Ak 4 : 429)

Qu'il ne faille jamais traiter l'humanité en l'autre *simplement comme un moyen* signifie qu'il est acceptable de traiter autrui, d'une certaine façon et jusqu'à un certain point, comme un moyen; mais jamais *uniquement* comme un moyen. Kant reconnaît qu'il est normal et acceptable que les humains se traitent, jusqu'à un certain point, comme des instruments qui permettent d'atteindre certains buts.

Ainsi en est-il, par exemple, de la relation entre un fournisseur de services privés et un client, entre un fonctionnaire et un citoyen contribuable. Mais alors, les uns et les autres se traitent comme des moyens *en toute connaissance de cause*, et chacun avec le *consentement* de l'autre, de sorte que chacun respecte la rationalité, la liberté et la dignité de l'autre. Ce qui est interdit, c'est de manipuler autrui, de le tromper, de l'instrumentaliser à son insu. Alors, autrui est traité *uniquement* comme un moyen, autrement dit comme un objet. La personne qui est traitée uniquement comme un moyen *n'apporte pas son consentement éclairé* à cette relation : elle est utilisée, manipulée.

Une maxime échoue radicalement le test de l'humanité comme fin en soi dans le cas où elle permet de traiter autrui uniquement comme un moyen de parvenir à une fin.

Une maxime échoue de façon « non radicale » le test de l'humanité comme fin en soi dans le cas où, sans instrumentaliser autrui, elle échoue à traiter son humanité comme une fin en soi. La loi morale n'exige pas de l'agent rationnel qu'il consacre son existence au service d'autrui, que chacune de ses actions serve directement à la défense et à la promotion de l'humanité. Ce qu'elle exige de l'agent rationnel, c'est que ses projets contribuent un tant soit peu à la défense et à la promotion de l'humanité.

Ainsi, suivre une maxime qui implique que l'on se coupe complètement des autres, qu'on leur tourne le dos, ne revient aucunement à les traiter en objet (ce qui serait un échec radical); mais une telle attitude échoue bel et bien à mettre autrui à l'horizon de son action, ce qui constitue un échec « non radical » de la maxime.

1.5 La formule « de l'autonomie » ou « du règne des fins »

La troisième formule de la loi morale porte également sur son contenu. Elle a deux formulations distinctes : celle de l'autonomie », et celle « du règne des fins » (la distinction n'est qu'une nuance concernant ce sur quoi l'une et l'autre mettent l'accent.)

Cette formule est, d'une certaine manière, une synthèse des deux précédentes. Elle dit que nous devons agir comme si la volonté de tous les êtres rationnels et de bonne volonté (le sens de cette notion sera précisé dans la prochaine section) était une loi universelle.

> « [...] le troisième principe pratique de la volonté, comme condition suprême de son accord avec la raison pratique universelle, à savoir, l'idée de la volonté de tout être raisonnable conçue comme volonté instituant une législation universelle. » (Ak 4 : 432)

Cette formule tire les conséquences du double statut de l'être rationnel, et tient compte de ce qu'il a besoin des autres, et donc qu'il vit en société.

Le double statut de l'être rationnel se comprend comme suit. L'agent rationnel se *soumet* à la loi qui lui dicte de traiter l'humanité dans l'autre comme une fin en soi, et donc de respecter la volonté rationnelle de ces humains différents de lui, mais qui partagent une même rationalité. En même temps, en tant qu'être rationnel, il est lui-même une fin en soi pour les autres agents rationnels, *qui se doivent de respecter sa propre volonté*. Le résultat est que la volonté de tout être rationnel peut être considérée comme instituant une loi universelle : la volonté d'un être rationnel étant nécessairement conforme à la loi morale, elle est pour tout agent rationnel une « modalité concrète » de la loi morale, qui se doit d'être respectée, et qui contraint sa propre volonté.

En clair, cela signifie que si je suis un agent rationnel, la volonté des autres, tant et aussi longtemps qu'elle est rationnelle, contraint la mienne; leurs projets me concernent, et donc les obstacles auxquels ils peuvent être confrontés. Réciproquement, ma volonté d'agent rationnel contraint celle des autres, et mes projets les concernent, et donc les obstacles auxquels ils sont confrontés. Cela ne signifie pas que je doive interrompre la réalisation de mes propres projets pour me mettre au service des autres, ni que les autres doivent interrompre la réalisation de leurs projets pour se mettre à mon service. Cela signifie que je ne saurais me désintéresser des projets d'un autre agent rationnel, et que réciproquement un agent rationnel ne saurait se désintéresser des miens. Les obstacles auxquels est confrontée la volonté des autres agents rationnels sollicitent mon attention; réciproquement, les obstacles auxquels est confrontée ma volonté d'agent rationnel sollicitent l'attention des autres. Cela non pas à cause d'une quelconque disposition à la sympathie qui ferait partie de la nature humaine, mais parce que cela découle rationnellement de ce que signifie être un « agent rationnel ».

Ainsi, l'autonomie de l'agent rationnel ne réside pas dans un rêve d'autarcie, et ne dépend d'aucune disposition émotionnelle. Elle tient à la réciprocité entre agents rationnels, lesquels constituent une collectivité s'identifiant à un « règne des fins ». Les autres me permettent de réaliser *mon autonomie* d'agent rationnel; réciproquement je contribue à réaliser *leur autonomie* d'agents rationnels.

2. Dimension évaluative : la volonté et les motifs de l'agent

La conformité des maximes de l'agent rationnel à la loi morale ne peut pas être une coïncidence. Un agent qui, sans se soucier de son devoir, agit selon des passions coïncidant avec celui-ci n'est pas un agent rationnel, libre, moral et digne. En effet, la dynamique psychologique de nos passions est régie par les lois de la nature, auxquelles se mêle peut-être ce que nous appelons le « hasard ». Même dans le cas où les passions, et les intérêts qu'elles déterminent, correspondent au devoir, l'action de celui qui agit selon ses passions résulte des lois de la nature et du hasard. Elle n'est pas une action libre et n'a pas de valeur morale, même si elle se trouve à être conforme à la loi morale.

La conformité des maximes de l'agent rationnel à la loi morale (la conformité de sa conduite, de ses attitudes) est *nécessaire*, donc indépendante de toutes circonstances intérieures (ses passions) ou extérieures. Elle ne peut pas être *contingente*.

Cette nécessité dépend de la *volonté*, des *motifs*, de l'agent : un être n'agit de façon véritablement rationnelle et morale que quand sa volonté et ses motifs sont rationnels et moraux. L'agent rationnel agit conformément au devoir *pour la raison que c'est le devoir*, et non parce qu'il fait ce qui lui plaît et que, par coïncidence, ce qui lui plaît correspond au devoir. Comme le dit Kant, l'agent rationnel agit conformément à la loi morale par *respect* (*achtung*) pour la loi morale.

C'est en *choisissant* d'agir selon des maximes conformes à la raison pratique, *pour la raison* qu'elles sont conformes à la raison pratique, que l'être rationnel conquiert sa liberté et sa dignité. C'est ainsi qu'il échappe à la détermination et à la contingence des passions, et donc aux déterminations des lois de la nature, et au hasard. C'est ainsi que ses actions acquièrent une véritable valeur morale; qu'elles deviennent *dignes d'estime*, selon l'expression de Kant. C'est là la dimension évaluative du modèle abstrait de l'agent rationnel, libre, moral et digne.

La volonté rationnelle, le motif d'agir par respect pour le devoir, constituent ce que Kant appelle une *bonne volonté*. Au sens de Kant, la bonne volonté ne consiste ni en de bons sentiments, ni en de « bonnes intentions » qui seraient cependant détachées du motif du devoir.

La possibilité d'être un agent rationnel, libre, moral et digne dépend donc de la bonne volonté (comme le dit Kant, la bonne volonté « contient » l'idée d'un agent rationnel.)

Selon l'auteur des *Fondements*, seule la bonne volonté, telle qu'il la définit, possède une valeur inconditionnelle, suprême et intrinsèque, et ainsi confère leur valeur aux autres choses.

En effet, les talents de l'esprit et les « dons de la fortune » (le pouvoir, la richesse, la considération, la santé, le bonheur...) n'ont de valeur qu'à condition d'être guidés par une bonne volonté. Même les vertus n'ont de valeur qu'à cette condition.

Quant aux conséquences de l'action, à ses résultats, ils n'ont pas de valeur morale. Les conséquences heureuses d'une action qui n'est pas motivée par le devoir n'ont pas de valeur morale. Inversement, une action motivée par une bonne volonté mais qui échoue à atteindre son but n'en est pas moins digne d'estime.

Kant oppose quelques arguments à la *thèse hédoniste*, selon laquelle le bonheur constituerait le souverain bien. Il fait notamment remarquer que le développement de notre raison ne mène pas naturellement au bonheur (Ak 4 : 396).

La bonne volonté n'exclut pas les passions : éprouver de profondes gratifications à agir conformément à la loi morale n'empêche pas que l'action puisse être digne d'estime. Seulement, le *motif déterminant* doit être le respect pour la loi morale, et non la recherche de gratification, ou toute autre passion.

Par exemple, désirer passionnément sauver la vie de quelqu'un ne rend pas moins digne d'estime l'action entreprise, *si* le motif *déterminant* de l'action est le devoir. Cependant, si le motif déterminant cette même action n'est rien d'autre qu'un désir passionné, alors cette action n'a pas de valeur morale, même si elle réussit. En effet, il aurait suffi que, pour une raison ou pour une autre, ce désir s'éteigne, ou qu'il soit subjugué par une autre passion (la crainte de la mort, par exemple) pour que l'agent renonce à l'action. Seul le motif du devoir est inflexible, et produit *nécessairement* l'action : quelles que soient les circonstances intérieures ou extérieures de son action, l'agent motivé par le devoir agira *nécessairement* selon le devoir. Pour cette raison, seul le motif du devoir rendra digne d'estime l'action entreprise pour sauver la vie de quelqu'un, et ce même si elle échoue.

C'est surtout dans la Section I des *Fondements de la métaphysique des mœurs* que Kant expose cette dimension évaluative du modèle abstrait de l'agent rationnel, libre, moral et digne. Kant entrelace cet exposé avec une analyse du « sens moral commun ». En effet, l'auteur des *Fondements* est soucieux de montrer que sa théorie éthique est en fin de compte très proche du sens moral commun, et qu'il n'est donc pas « nécessaire » de la connaître pour agir moralement.

En effet, selon Kant, l'idée de « bonne volonté » telle qu'il la définit fait partie du sens moral commun, et les gens ordinaires lui reconnaissent spontanément une valeur suprême et intrinsèque. Selon lui, c'est spontanément (ou presque) que les gens reconnaissent que les talents de l'esprit, les dons de la fortune et les vertus n'ont de valeur qu'à condition qu'ils soient guidés par une bonne volonté; et que la valeur suprême de cette bonne volonté est indépendante des *résultats* de l'action.

Selon l'analyse de Kant, trois principes sont à la base de notre sens moral commun. Ces trois principes sont centrés sur la notion de devoir, de telle sorte que pour l'essentiel, ils reviennent presque au même.

Le premier principe affirme que pour avoir une véritable valeur morale, une action doit être accomplie pour la raison qu'il s'agit d'un devoir.

Le deuxième principe apporte une précision :

> *« une action accomplie par devoir tire sa valeur morale non pas du but qui doit être atteint par elle, mais de la maxime d'après laquelle elle est décidée; elle ne dépend donc pas de la réalité de l'objet de l'action, mais uniquement du principe du vouloir d'après lequel l'action est produite sans égard à aucun des objets de la faculté de désirer. »* (Ak 4 : 399-400)

Quant au troisième principe, Kant le présente comme une conséquence rationnelle des deux principes précédents, et l'énonce comme suit : « *le devoir est la nécessité d'accomplir une action par respect pour la loi.* » (Ak 4 : 400) « La loi » dont il est ici question n'est pas une loi civile, ni même une loi de nature, mais bien la « loi morale », c'est-à-dire la loi nécessaire et universelle qui régit le domaine de la raison pratique.

Bibliographie

Kant, Emmanuel. *Fondements de la métaphysique des mœurs*. Traduction par Victor Delbos. Éditions CEC, 2011.

Wood, Allen W. *Kant's Ethical Thought*. Cambridge University Press. 1999.

6 | L'utilitarisme

En 1789, Jeremy Bentham (1748-1832) publie son *Introduction aux principes de la moralité et de la législation*, dans laquelle il expose les éléments de l'utilitarisme moderne.

La théorie utilitariste sera élaborée et approfondie par John Stuart Mill (1806-1873), qui en présente un exposé sommaire dans les numéros d'octobre, novembre et décembre 1861 de *Fraser's Magazine*, une revue mensuelle s'adressant à un grand public instruit. Cet exposé, intitulé simplement *Utilitarianism*, est publié sous forme de livre en 1863. Il devient bientôt un exposé classique de l'utilitarisme, et un classique de la philosophie morale en général.

1. Les éléments de la théorie utilitariste

La théorie utilitariste est basée sur deux principes fondamentaux (1.1.), dont l'un s'accompagne d'une règle méthodologique importante. À la différence des théories de Hume et de Kant, l'utilitarisme est centré sur les *conséquences de l'action* (1.2.), et concerne tous les « êtres sensibles », c'est-à-dire tous les êtres capables d'éprouver de la douleur et de la distinguer d'un état de bien-être (1.3.)

1.1 Deux principes fondamentaux et une règle méthodologique

L'utilitarisme repose sur deux principes fondamentaux. D'abord, une thèse axiologique portant sur le souverain bien. De cette thèse découle un principe normatif (qui prescrit comment nous devrions agir.)

La thèse *hédoniste* désigne comme souverain bien le *bonheur* (ou « bien-être », ou « satisfaction », ou « plaisir »...) Le bonheur est donc un bien en soi. Sa valeur est intrinsèque, et non instrumentale. Inversement, la douleur, la souffrance (physique et psychologique), le malheur sont les seules choses qui soient intrinsèquement mauvaises. Les utilitaristes considèrent cette thèse comme un principe premier.

Il est à remarquer que, alors que Bentham ne fait pas de distinction entre les concepts de « bonheur » et de « plaisir », Mill, lui privilégie l'usage du premier de ces deux concepts, sans pour autant délaisser complètement le concept de plaisir. Au long du 20e siècle, plusieurs utilitaristes ont utilisé, en plus du concept de bonheur, des synonymes génériques, tels que ceux de « bien-être », « gratification », « états de satisfaction »...

La notion d'*utilité*, dans cette théorie, désigne la propriété consistant en la tendance, pour une action (une conduite, une attitude...) à *produire du bonheur (du bien-être) et à minimiser la souffrance non seulement pour la personne qui agit, mais pour tout le monde (dans le monde entier.)*

Le *principe de la maximisation de l'utilité* (ou simplement « principe de l'utilité », ou « principe utilitariste ») prescrit d'adopter la conduite qui *maximise l'utilité*, comparativement à toute autre alternative réalisable.

Autrement dit ce principe prescrit d'agir de façon à maximiser les chances de bonheur (le bien-être, les états de satisfaction...) et à minimiser la souffrance dans le monde entier. C'est ce principe qui détermine ce en quoi consiste le devoir moral de chacun d'entre nous (les choix que nous devons faire, les décisions que nous devons prendre, la façon dont nous devons agir). La théorie utilitariste s'applique autant à la sphère publique qu'à la sphère privée.

En effet, si on définit le bien commun comme la maximisation de l'utilité, alors cette notion s'applique aux lois d'un État et aux politiques des institutions et des organisations publiques. Dans son application à la sphère publique, la notion d'utilité est typiquement associée aux concepts de « bien-être » et de « qualité de vie » (alors que dans son application à la sphère privée, elle est souvent associée au concept de « bonheur »).

Par ailleurs, quand on applique le principe utilitariste aux politiques gouvernementales et institutionnelles, la population concernée est d'abord et avant tout celle sur laquelle les gouvernements et institutions en question exercent leur juridiction.

Le principe de la maximisation de l'utilité s'accompagne d'une règle méthodologique dite *d'impartialité*. Selon cette règle, lorsque l'on considère la maximisation du bien-être du plus grand nombre, *chaque individu compte également*. En d'autres termes, dans le calcul utilitariste, chaque individu a le même poids qu'un autre. La personne qui calcule ne compte pas elle-même plus qu'une autre.

À noter que l'égalité que prescrit cette règle méthodologique n'est pas l'égalité en droits. L'égalité dont il est ici question ne concerne que le « pointage » inhérent au calcul.

1.2 Une théorie centrée sur les conséquences de l'action

Le fait d'engendrer des états de bonheur, ou de malheur, est une *conséquence*, un *résultat* de l'action (ou des lois d'une société, ou des politiques d'un gouvernement ou d'une organisation.) La valeur morale des actions, des lois et des politiques, se trouve donc dans leurs effets, leurs conséquences.

Au 20e siècle, on s'est mis à utiliser le terme *conséquentialisme* pour désigner toute théorie morale ainsi basée sur deux principes : un principe axiologique qui identifie un « souverain bien », et un principe normatif prescrivant le cours d'action (ou la politique) qui, par ses conséquences, maximisera le souverain bien et minimisera l'antagoniste du souverain bien.

On utilise souvent le terme de « bénéfices » pour désigner les conséquences désirables de l'action; et « préjudices » pour désigner les conséquences *in*désirables de l'action.

1.3 Une théorie qui concerne tous les « êtres sensibles »

L'espèce humaine n'est pas la seule à faire la différence entre le bien-être et la douleur : une multitude d'espèces animales la font aussi. Du point de vue utilitariste, les espèces animales qui font la différence entre bien-être et douleur sont donc des êtres moralement signifiants. Ainsi, le domaine d'application du principe de la maximisation de l'utilité s'étend au-delà de l'humanité elle-même, pour englober tous les animaux capables de faire la différence entre douleur et bien-être.

Le souci de la condition animale n'implique aucunement que les animaux doivent être traités sur un pied d'égalité avec les humains. De fait, la thèse que les animaux ont des droits est contestée au sein même de l'école utilitariste. Aucun utilitariste n'affirme que la règle méthodologique d'impartialité (« chacun compte pour un ») vaut pour les animaux au même titre que pour les humains.

2. Le « calcul » utilitariste

Le principe de l'utilité demande que l'on évalue, avant d'agir, les conséquences probables de nos actions. Pour chaque cours d'action qu'il serait possible de suivre, il faut calculer, autant que possible, les bénéfices et les préjudices (donc la mesure de « bonheur » et de « malheur ») qu'il pourrait produire, et ce non seulement pour la personne qui agit, mais pour tout le monde. Ce calcul se fait, en principe, en respectant la règle méthodologique d'impartialité mais nous verrons plus loin que cette règle pose des problèmes qui compromettent son applicabilité.

Évidemment, il n'est pas facile d'anticiper ce que pourraient être les conséquences de différentes actions. Identifier le cours d'action susceptible de maximiser l'utilité représente un calcul difficile et incertain. Néanmoins, Bentham a proposé une approche qui peut réduire l'incertitude d'un tel calcul.

2.1 Quels paramètres?

La quantité d'individus affectés par les conséquences de l'action n'est pas le seul facteur pris en compte dans le calcul utilitariste. Plusieurs aspects, ou «paramètres», des états de satisfaction résultant de l'action doivent également être pris en compte.

Donc, pour évaluer l'utilité d'une action, on tient compte d'un ensemble de paramètres qui permettent d'évaluer *l'importance des bénéfices et la gravité des préjudices* susceptibles de résulter de l'action en question.

Les paramètres du plaisir selon Bentham

Le premier paramètre dont il faut tenir compte est le nombre de personnes touchées par les conséquences de l'action. Jeremy Bentham appelle ce paramètre l'*étendue* des conséquences de l'action. Il en distingue six autres :

1. L'intensité du plaisir;
2. Sa durée;
3. La probabilité que l'état de satisfaction anticipé soit effectivement produit par l'action envisagée;
4. Sa proximité ou son éloignement dans le temps.

Les paramètres mentionnés ci-haut concernent un état de plaisir pris isolément. Les deux suivants mettent en cause la relation d'un plaisir avec d'autres plaisirs, d'autres états possibles de satisfaction ou d'insatisfaction.

5. Sa fécondité (capacité à produire d'autres états de satisfaction);
6. Sa pureté (degré auquel la satisfaction est mêlée à des insatisfactions).

Personne d'autre que Bentham lui-même n'a considéré que cette liste constituait une rigoureuse méthode de calcul, prête à utiliser telle quelle. Les philosophes utilitaristes considèrent plutôt que de tels paramètres sont des exemples des choses qu'il faut prendre en compte. Mais, d'un côté, cette liste n'est pas exhaustive. D'un autre côté, il n'est pas toujours nécessaire de tenir compte de chacun des paramètres énumérés par Bentham.

Plutôt, il s'agit là d'exemples du genre de choses qu'il faut prendre en compte, leur pertinence dépendant des situations.

Par ailleurs, Bentham a explicitement mis de côté toute question concernant une supposée « qualité » des plaisirs.

La qualité des plaisirs selon Mill

La question de la *qualité* des plaisirs est brièvement discutée par John Stuart Mill dans son livre *L'utilitarisme*. Selon Mill, les plaisirs qui sollicitent directement nos « facultés supérieures » (intelligence, sens esthétique...) sont d'une qualité supérieure à celle des plaisirs qui ne sollicitent pas directement ces facultés. Les premiers, dit Mill, sont les plaisirs « de l'esprit », et les seconds sont les plaisirs « du corps ».

Cette distinction corps/esprit est évidemment très schématique. Les plaisirs associés à la sexualité, à la nourriture et au confort matériel ont évidemment une dimension physique, mais sont-ils pour autant coupés de nos facultés supérieures? Qu'en est-il des plaisirs de l'alcool, ou d'autres drogues? Qu'en est-il des plaisirs procurés par les sports, la danse ou la musique? Notre sens esthétique, et les plaisirs qu'il nous procure, penchent-ils du côté de l'esprit ou plutôt du côté du corps? De façon générale, les émotions semblent constituer une catégorie intermédiaire, reliant les plaisirs « de l'esprit » et ceux « du corps ».

La distinction, malgré les problèmes qu'elle soulève, n'est pourtant pas dépourvue de toute pertinence. On pourrait admettre, ne serait-ce qu'hypothétiquement, que les plaisirs corporels et les plaisirs de l'esprit sont les deux pôles d'un spectre, et donc que la distinction est affaire de degrés. Sur cette base, on peut reconnaître que certains plaisirs sont *d'abord et avant tout* corporels, alors que d'autres sont *d'abord et avant tout* intellectuels.

À l'appui de cette thèse que les plaisirs « de l'esprit » sont supérieurs à ceux « du corps », Mill apporte un argument empirique : selon lui, la grande majorité de ceux qui ont fait l'expérience *des deux formes* de plaisir affirme que les plaisirs de l'esprit sont supérieurs. En général, ceux qui affirment la supériorité des plaisirs du corps méconnaissent ceux de l'esprit, et ne sont donc pas en mesure de comparer ces deux genres de gratification. Aucun homme, aucune femme d'esprit n'accepterait de se départir d'une partie de son intelligence en échange d'une abondance de « plaisirs du corps ».

De toute façon, la distinction entre « plaisirs supérieurs » et « plaisirs inférieurs » n'est faite que dans le but de raffiner le calcul utilitariste, qui lui-même vise à identifier le cours d'action susceptible de maximiser l'utilité. Or, dit Mill, la personne qui donne la priorité aux plaisirs de l'esprit est davantage susceptible de maximiser l'utilité que la personne qui donne la priorité aux plaisirs du corps.

D'un point de vue critique, bien que les affirmations de Mill eu égard à la supériorité des plaisirs « de l'esprit » sur les plaisirs « du corps » soient sensées, elles demeurent tout de même contestables.

D'abord, est-ce un fait confirmé que la plupart des gens qui ont fait l'expérience des plaisirs « de l'esprit » et des plaisirs « du corps » reconnaissent la supériorité des premiers sur les seconds? Peut-être pourrait-on faire valoir que les préférences individuelles sont trop variées pour tirer une conclusion aussi nette, et qu'en fin de compte la valeur des plaisirs « du corps » et « de l'esprit » est relative à la subjectivité des personnes.

L'idée que ceux qui cultivent les plaisirs de l'esprit sont plus à même de contribuer à la maximisation de l'utilité semble, à première vue, tout à fait plausible. Mais ne peut-on pas trouver suffisamment de contre-exemples pour la remettre en question? Par exemple, un hédoniste superficiel vaut mieux qu'un intellectuel dévoyé par une idéologie intolérante.

En tenant compte de ce qu'il tient pour la supériorité des plaisirs de l'esprit sur les plaisirs du corps, Mill va jusqu'à affirmer qu'« il vaut mieux être un Socrate insatisfait qu'un porc satisfait. » Ce jugement soulève certains problèmes concernant la thèse hédoniste, et la cohérence de la théorie utilitariste, ainsi que nous le verrons dans la section 3.

2.2 Problèmes du calcul utilitariste

Les utilitaristes eux-mêmes reconnaissent que la réalisation du calcul requis par leur théorie soulève certains problèmes.

Le manque de temps pour calculer

Le problème du *manque de temps pour calculer* comporte deux éléments.

Premièrement, pour toute action, toute conduite, il est très difficile de prédire, avec un tant soit peu de précision, ce qu'en seront les conséquences. Dans le domaine humain, les prédictions sont en général imprécises et incertaines.

Deuxièmement, le calcul utilitariste demande en principe que pour chaque action que nous nous proposons d'accomplir, nous devons envisager toutes les alternatives réalisables et prévoir les conséquences de celles-ci, afin de sélectionner en fin de compte celle qui maximise l'utilité. Il s'ensuit que le calcul utilitariste est une tâche qui demanderait un temps et des ressources (d'information, de calcul) infinis.

En réponse à ce problème, Mill fait valoir que la propriété d'utilité s'applique également aux *règles de conduite* (ou *d'action*) que nous avons l'habitude de suivre. Or, l'expérience empirique nous permet d'identifier des règles de conduite qui maximisent l'utilité. En gros, ces règles sont celles qui prescrivent le respect des droits, de la justice et de la vérité. Par exemple, nous n'avons pas à évaluer, chaque fois que nous nous apprêtons à parler, s'il vaudrait mieux mentir ou dire la vérité : la règle de conduite qui maximise l'utilité est celle qui consiste à dire la vérité, *sauf exception*. Règle générale, mentir est une source de malheur, pour le menteur aussi bien que pour son entourage. Ce n'est que dans des circonstances exceptionnelles que nous pourrions avoir à nous demander s'il ne vaudrait pas mieux mentir.

L'expérience empirique qui permet d'évaluer l'utilité d'une règle d'action n'est pas seulement celle de l'individu : c'est celle de toute l'humanité, ou du moins d'une civilisation. C'est en effet depuis des temps immémoriaux qu'on est à même d'observer, au fil des générations, que certaines règles d'action maximisent l'utilité, et pas d'autres. Cette expérience s'est inscrite dans la « morale populaire » prédominante dans une culture donnée.

Cette solution au problème du manque de ressources et de temps a généré la distinction entre deux formes d'utilitarisme : l'*utilitarisme de l'acte* et l'*utilitarisme de la règle*. Selon le premier, le principe de la maximisation de l'utilité s'applique à *chaque action, prise isolément*. Selon le second, ce principe s'applique aux *règles de conduite* (ou d'*action*) que nous suivons dans la vie quotidienne. Concrètement, l'utilitarisme de la règle nous dirige vers des règles de conduite prescrivant le respect des droits, de la justice et de la vérité, puisque de telles règles, *habituellement*, maximisent l'utilité.

Ces deux formes d'utilitarisme sont complémentaires plutôt que rivales. Elles ne s'harmonisent pas toujours bien, mais leur coexistence ne constitue pas un problème insoluble.

Problèmes concernant la règle d'impartialité

Dans le chapitre III de *L'utilitarisme*, Mill reconnaît qu'il est normal et juste, quand vient le temps de décider quel cours d'action nous allons suivre, d'accorder plus de poids au bien-être de nos proches qu'à celui de purs inconnus – du moins *dans la sphère privée*.

Selon Mill, les conséquences de cette importante exception à la règle de l'impartialité sont limitées par le développement de la civilisation. Alors que l'égoïsme caractérise les premières époques de l'humanité, selon lui, la civilisation a entraîné celui de « sentiments sociaux », qui amènent les humains à se soucier des autres et à coopérer les uns avec les autres, sur un pied d'égalité.

Cette thèse de Mill nous ramène à la question de l'insociable sociabilité de l'être humain, et appelle donc une comparaison avec les observations de Hume touchant au même sujet, ainsi qu'avec la thèse de Rousseau.

Ainsi, il est sans doute possible d'harmoniser la thèse de Mill avec l'observation de Hume selon laquelle la disposition naturelle des humains à la bienveillance diminue en intensité au fur et à mesure que s'accroît la distance émotionnelle qui nous sépare des autres.

En revanche, la thèse de Mill s'oppose à celle de Rousseau selon laquelle la civilisation, loin de développer la « pitié naturelle » de l'être humain, la détruit plutôt.

Deuxièmement, qu'en est-il de cette idée que l'agent, dans son calcul utilitariste, ne devrait pas accorder davantage de poids à lui-même qu'aux autres? S'il est normal et légitime d'accorder plus d'importance à ses proches, il l'est tout autant d'en accorder davantage à soi-même.

Si, à l'inverse, l'agent ne compte ni plus ni moins que les autres, alors, contrairement à ce qu'affirme Mill, l'utilitarisme est bel et bien une morale de l'abnégation, si totale qu'elle en est inhumaine et donc irréaliste.

Enfin, dans plusieurs contextes, la plupart des utilitaristes sont prêts à accorder une valeur plus ou moins grande aux individus selon la contribution qu'ils sont susceptibles de faire à la maximisation de l'utilité; ou au contraire, selon le degré de malheur que causerait leur infirmité ou leur disparition.

Cette évaluation pose plusieurs problèmes : dans quelle mesure peut-on évaluer la contribution de chacun à la maximisation de l'utilité (ou le malheur que représenterait sa disparition?) La reconnaissance des droits d'une personne devrait-elle dépendre de ce genre d'évaluation? Cette dernière question touche au problème de la conception utilitariste des droits et de la justice, ainsi que nous allons le voir. Il reste que concrètement, dans des situations d'urgence, il paraît sensé de ne pas considérer tout le monde également, comme si tous comptaient pour un.

En fin de compte, les considérations qui précèdent invalident-elles la règle d'impartialité? Pas pour ce qui est de la sphère publique. Aucun utilitariste ne conteste que dans la sphère publique, dans des circonstances normales, la règle d'impartialité peut et doit être rigoureusement appliquée, tant dans l'application des lois, que dans les politiques du gouvernement, des institutions et des organisations publiques.

L'incommensurabilité des plaisirs et des peines

Le problème de *l'incommensurabilité des gratifications et des peines* consiste en l'impossibilité de hiérarchiser les états de gratification ou de douleur sur une même échelle, dans la mesure où ils appartiennent à des catégories différentes, difficilement comparables, se rapportant à des échelles différentes.

Même en considérant des états appartenant à une même catégorie (par exemple, les plaisirs de la nourriture, ou les douleurs relevant de ce qu'on appelle l'*humiliation*), l'expérience de ces états est sans doute trop subjective pour qu'on puisse les ordonner selon une hiérarchie objective.

3. Problèmes associés aux principes utilitaristes

Certaines des difficultés auxquelles est confrontée la doctrine utilitariste concernent ses principes fondamentaux. Plus précisément, ils concernent la thèse hédoniste, et la conception utilitariste des droits, de la justice et de la vérité.

3.1 Le problème de la thèse hédoniste

Dans la Première section des *Fondements de la métaphysique des mœurs*, Kant fait remarquer que le développement de notre raison ne mène pas naturellement au bonheur (Ak 4 : 396).

Mill, de son côté, reconnaît que l'expérience des plaisirs de l'esprit, dans la mesure où ils contribuent à rendre plus lucides ceux qui les cultivent, risque, paradoxalement, de leur inspirer de profondes insatisfactions face à l'existence et à l'humanité. Cependant, sa conclusion semble être à l'effet la lucidité, à terme, est davantage susceptible de contribuer au bonheur que de lui nuire.

Tout de même, plusieurs commentateurs ont fait remarquer que cette réflexion sur la qualité du plaisir demeure ambiguë, malgré les efforts de Mill pour articuler clairement une pensée nuancée. De fait, la conciliation de la thèse hédoniste et de l'idée que les plaisirs de l'esprit sont supérieurs ne va pas de soi.

En affirmant que « mieux vaut être un Socrate insatisfait qu'un porc satisfait », Mill soulève (même si ce n'était pas son intention) un problème de fond concernant la thèse hédoniste et la cohérence de la théorie utilitariste.

En fin de compte, la relation de la lucidité au bonheur demeure une question ouverte. Peut-être n'est-il pas contradictoire de reconnaître le bonheur et la lucidité comme deux éléments du souverain bien, entre lesquels s'installerait une « tension créatrice ».

3.2 Droits, justice et vérité

Nous avons vu qu'en réponse au problème de manque de temps et de ressources, l'utilitarisme de la règle nous dirige vers des règles de conduite qui prescrivent le respect des droits, de la justice et de la vérité. Ces règles, cependant, s'appliquent dans des conditions « normales ». Elles ne s'appliquent pas nécessairement dans des circonstances exceptionnelles. Ce qui implique que la justice, les droits et la vérité sont des préoccupations dont on peut se dispenser, selon les circonstances.

Ensuite, selon la règle méthodologique d'impartialité, le bien-être et la souffrance de chaque individu comptent également dans le calcul utilitariste. Cela n'implique pas que tous les individus soient égaux en *droits*. Nous avons vu que plusieurs utilitaristes considèrent qu'il est légitime d'accorder davantage d'importance à ceux et celles qui contribuent davantage à la maximisation de l'utilité. En conséquence, les droits des personnes « moins importantes » sont considérés comme « moins importants ».

Du point de vue de Mill, ces problèmes ne se posent à peu près pas dans les faits. Selon son analyse, l'idée même de « droit » provient d'un besoin fondamental de sécurité, commun à tous les humains. À la base, les « droits » sont des garanties de sécurité, assurées par tous et pour tous, à l'effet que quiconque porte atteinte à certaines choses (l'intégrité physique des personnes, leur propriété...) mérite d'être puni, et le sera effectivement.

Le sacrifice des droits d'une minorité, ou d'un seul individu, au profit de la majorité ne saurait maximiser l'utilité, dans la mesure où priver une minorité ou des individus de leurs droits risque de susciter, au sein de la majorité, la méfiance envers les institutions. De façon générale, sacrifier les droits de qui que ce soit est susceptible de susciter la méfiance chez les autres, ce qui va à l'encontre de l'utilité.

Ainsi, selon les utilitaristes, le respect des droits et de la justice est nécessaire à la satisfaction d'un besoin fondamental de sécurité, elle-même nécessaire à la maximisation du bonheur du plus grand nombre, sinon toujours à court terme, du moins à long terme.

À noter que cette conception des droits rejoint, pour une bonne part, celle qu'on retrouve dans la théorie du contrat social, mais elle entend en exposer les fondements.

Néanmoins, on ne peut éviter le problème que pose la subordination des droits, de la justice et de la vérité au principe de la maximisation de l'utilité. D'un point de vue utilitariste, les droits, la justice et la vérité n'ont qu'une valeur instrumentale. Dans le cas où ils iraient à l'encontre du principe de la maximisation de l'utilité, il faudrait donner priorité à celui-ci.

Or, il n'est pas impossible que commettre des injustices que l'on réussirait à garder secrètes (afin d'éviter de susciter la méfiance de la population), et répandre des mensonges qui ne seraient jamais découverts, favorise la maximisation de l'utilité. L'utilitariste est obligé d'admettre que, si la satisfaction de la *condition du secret* fait en sorte que l'injustice et le mensonge maximisent l'utilité, alors sa théorie prescrit l'injustice et le mensonge, celui-ci étant souvent indispensable au camouflage de celle-là.

Cependant, l'utilitariste peut répliquer que cette possibilité de principe est dans les faits très peu réaliste. Dans un calcul utilitariste, la condition du secret apparaît comme un pari « quitte ou double » : si on échoue à garder le secret, les conséquences peuvent être désastreuses. Ensuite, la pratique du mensonge pose un problème de pente dangereuse : un premier mensonge risque d'en exiger un deuxième pour demeurer secret, puis le deuxième en exige un troisième, etc. Pour ces raisons, le calcul utilitariste est peu susceptible de conclure que les injustices, et les tentatives de les camoufler, vont maximiser l'utilité.

Il reste que la condition du secret révèle le caractère paradoxal de la conception utilitariste de la moralité : camoufler une injustice par des mensonges et des tromperies ne redouble-t-il pas la faute morale commise? Dans le but de maximiser utilité, l'utilitarisme peut en principe recommander de commettre le crime parfait.

L'utilitariste pourrait répondre que dans le cas où la victime en est un Adolf Hitler, et qu'on en débarrasse ainsi l'humanité, le crime parfait est peut-être recommandable. Mais l'argument est-il convaincant?

Bibliographie

Mill, John Stuart; Bentham, Jeremy. *Utilitarianism and Other Essays*. Introduction de Alan Ryan. Penguin Books, 1987.

Ryan, Alan. "Introduction" dans *Utilitarianism and Other Essays*, op. cit.

www.ingramcontent.com/pod-product-compliance
Lightning Source LLC
Chambersburg PA
CBHW071227160426
43196CB00012B/2441